新编21世纪高等职业教育精品教材 **金 融 类**

浙江金融职业学院中国特色高水平高职学校建设成果

职业礼仪训练教程

主编 吕 虹

中国人民大学出版社
·北京·

图书在版编目（CIP）数据

职业礼仪训练教程 / 吕虹主编. -- 北京 ：中国人民大学出版社，2021.9
新编 21 世纪高等职业教育精品教材. 金融类
ISBN 978-7-300-29710-1

Ⅰ. ①职… Ⅱ. ①吕… Ⅲ. ①礼仪－高等职业教育－教材 Ⅳ. ① K891.26

中国版本图书馆 CIP 数据核字（2021）第 152895 号

浙江金融职业学院中国特色高水平高职学校建设成果
新编 21 世纪高等职业教育精品教材 · 金融类
职业礼仪训练教程
主　编　吕　虹
Zhiye Liyi Xunlian Jiaocheng

出版发行	中国人民大学出版社		
社　　址	北京中关村大街 31 号	邮政编码	100080
电　　话	010－62511242（总编室）		010－62511770（质管部）
	010－82501766（邮购部）		010－62514148（门市部）
	010－62515195（发行公司）		010－62515275（盗版举报）
网　　址	http://www.crup.com.cn		
经　　销	新华书店		
印　　刷	北京密兴印刷有限公司		
规　　格	185 mm × 260 mm　16 开本	版　　次	2021 年 9 月第 1 版
印　　张	9.75	印　　次	2021 年 9 月第 1 次印刷
字　　数	195 000	定　　价	29.00 元

总序

习近平总书记指出："教材建设是育人育才的重要依托。建设什么样的教材体系，核心教材传授什么内容、倡导什么价值，体现国家意志，是国家事权。"教材建设是教育教学改革的重要组成部分，是深化"三教"改革的重要内容，是教育思想、教育理念和人才培养目标、内容的实体展现。《国家职业教育改革实施方案》要求"遴选认定一大批职业教育在线精品课程，建设一大批校企'双元'合作开发的国家规划教材，倡导使用新型活页式、工作手册式教材并配套开发信息化资源"。"银领丛书"教材，就是在职业教育教学改革深入推进，教师、教材、教法改革持续深化，中国特色高水平高职学校和专业建设计划稳步开展的背景下组织编写的，是浙江金融职业学院银领学院十多年教育教学经验的总结和改革成果的凝练。

银领学院是浙江金融职业学院面向金融行业开展高素质高技能应用型人才培养而设置的二级学院，与 80 余家银行、证券期货公司等金融机构合作开展订单式人才培养，共同制订人才培养方案、共享行业师资、共同开发职教课程、共用实习实训基地，十多年来已经培养了超过一万名动手能力强、职业形象佳、技能水平高、职业素质优的金融行业人才，2014 年被教育部等六部委授予"全国职业教育先进单位"称号。"银领丛书"是银领学院根据职业教育人才培养目标和金融行业对应用型人才的实际要求，专门为培养"下得去、用得上、干得好、留得住、发展好"的一线应用型金融人才而编写的实用性系列教材，从职业礼仪、职业技能、专业能力、职业素质等四个方面构建金融行业职业化人才培养的教材体系，坚持实用、易用、管用、好用的原则，采用情境案例、操作实例、真实事例等丰富素材，运用图表、照片、视频等多种形式进行直观生动展现，力求通俗易懂、深入浅出，帮助学生训练技能、培养能力、提升素养。

"银领丛书"教材开发，重点突出了以下特色：

一、思政元素

《高等学校课程思政建设指导纲要》提出，"落实立德树人根本任务，必须将价值塑造、知识传授和能力培养三者融为一体、不可割裂。全面推进课程思政建设，就是要寓价值观引导于知识传授和能力培养之中，帮助学生塑造正确的世界观、人生观、价值观，这是人才培养的应有之义，更是必备内容。”在编写“银领丛书”过程中，结合金融类专业育人目标，深度挖掘提炼知识学习、技能训练、能力培养和素质养成中所蕴含的思想价值和精神内涵，结合高职院校学生学习特点，通过规则引导、案例分析、实践感悟、警句警示等方式，将思想政治教育元素有机融入教材的各个章节，为课堂教学提供思想政治教育素材和思路，实现人才核心价值观、职业道德、法律意识与专业素质的综合培养。

二、职教特色

教材是教师教书育人的载体，是教师的“教本”、学生的“学本”，是教学改革成果的集中体现。教材不是仅为课堂教学使用的，而是人才培养、专业建设、课程建设、“三教”改革等系统性工程中的一个环节。“银领丛书”依托于浙江金融职业学院中国特色高水平高职学校建设计划中的金融管理专业群建设，吸收了金融专业国家级教学资源库建设的丰富经验，汇聚了多门国家级、省级精品课程和精品在线开放课程的建设成果，在银领学院面向金融行业与订单单位共同开展应用型金融人才培养的基础之上，经过十多年的实践检验并进行系统化编写而形成，从学习目标设置、教学内容选择、章节结构编排、实习实践活动设计等各个方面，都贴近高职学生的特点和行业的需求，遵循技术技能人才成长规律，将专业精神、职业精神和工匠精神融入教材内容，实现知识传授与技术技能培养并重，强化学生职业素养养成和专业技术积累，形成了鲜明的职教特色。

三、应用导向

“银领丛书”围绕金融行业对应用型人才的现实需求，针对一线从业人员的岗位特点和存在的问题，重点解决“00后”学生走上职场后由于能力、技能和素养等方面不足而导致的岗位适应慢、工作压力大、辞职比例高等痛点难点问题，在内容选择上侧重工作方法的介绍、关键技能点的训练和核心素养的提升。丛书强调实践性，采用“理论＋实务＋案例＋实训操作”的编排模式，适应项目学习、案例学习、模块化学习等不同学习方式的要求，注重以真实项目、典型任务、具体案例等为载体组织教学单元，引导开展运用启发式、探究式、讨论式、参与式等教学方法，努力做到理论知识与实用技能融会贯通，职业能力与素质素养同步提升 。

四、数字资源

“银领丛书”教材开发基于银领学院面向金融行业订单班开设的相应课程建设，将课程建设、教材编写、配套资源开发、信息技术应用有机融合统筹推进，并在日常的教学实践中开展翻转课堂、混合式教学等新型教学模式的应用。经过近十年金融专业国家级教学资源库以及国家级、省级精品课程建设，相应课程积累了丰富、全面的原创性数字资源，我们将其有针对性地应用到教材开发之中，努力做到教材资源立体、形式多样、内容饱满。

教材开发是持续迭代、不断完善的过程，由于编者能力有限，教学改革还在持续推进过程之中，教材开发的各种创新思考均在尝试、摸索阶段，本丛书还存在许多不足之处，恳请大家批评指正。

王祝华

2021 年 2 月

本书是浙江金融职业学院中国特色高水平高职学校建设系列成果，可作为金融类高职院校的职业礼仪课程教材，以及相关行业、企业的员工入职和轮岗培训手册，同时也可作为职场人士、社会人员的职业礼仪参考用书。

本书针对职场人士在商务活动中的礼仪规范，设置了十二个项目。各项目均以职场活动开展为导向，对相关知识及规范训练进行介绍，包含便于操作、具有时代气息、符合学习者学习和业务活动开展实际所需的典型案例。本书引入了 CVCC 核心能力认证培训能力测评体系，各项目的最后都设计了自我测评表，使学习者对自我学习效果有较为客观的评估；本书运用案例的形式，融入思政元素，使学习者的核心价值观、职业道德、专业素养得到综合提升。本书体现了从“教材”到“学材”的教材新改革，吸取了一线教师、学习者、行业人士对传统职业礼仪类教材的使用反馈和建议，更多从学习者的角度出发，选取切实可行、简洁明了的训练型、实用型内容，以新颖的表现形式提升学习者的学习兴趣。本书精选“小贴士”的内容，拓展了学习的广度和深度。为顺应网络时代阅读之需，本书简化了对概念、基本流程等的文字说明，多采用简洁直观的图表加以呈现，“互动练习”的设计注重可操作性，以真正达到预期的教学目的。

本书由吕虹担任主编和负责统稿，编写项目一、二、四、五、十二；蒋含真编写项目三、六至十一。本书在编写过程中得到了全国相关职业院校专家、同人的大力支持，在此深表感谢！由于编者水平有限，时间仓促，书中难免存在纰漏与不足之处，请广大读者批评指正。

编者

2021 年 5 月

目录

形象礼仪篇

沟通交际篇

仪式宴请篇

公务职场篇

形象礼仪篇

当今社会高速发展，市场竞争日趋激烈，形象力已成为一种核心竞争力。形象是职场人士的个人品牌。塑造完美的职业形象，不仅彰显个人的专业实力，也是提升组织整体形象的重要基础。越来越多的组织和个体对职业形象的关注度日益提升，并逐渐增加在职业形象的塑造和建设上的投入。职业形象是一个由思想意识、行为举止、仪容仪表等一系列形象要素组成的系统。从业者依据职业要求、行业性质和个体特征等，运用科学的理论、方法和技术，对形象各要素进行系统设计和开发建设，并进行养成性规范训练。通过认真研究、精心设计、精到塑造、经常训练，每一个人都将拥有美好的职业形象。

学习目标

知识目标

1. 认识仪表礼仪对良好职业形象塑造的重要作用，了解职场人士仪表礼仪的基本要求；
2. 熟悉仪表礼仪、仪容礼仪、仪态礼仪的含义及基本内容；
3. 掌握职场人士的仪容修饰、着装规范、搭配原则及仪态要求。

能力目标

1. 能根据职场要求修饰自己的发型，掌握女士职业淡妆及男士职场仪容修饰的操作技能；
2. 能根据职场的站、走、坐、蹲及手势等仪态要求，调整自己的仪态，学会自然得体地微笑、优雅得体地表达；
3. 能根据职场规则着装，掌握职业穿着和饰品选配方法。

思政目标

理解仪表礼仪的重要性。仪表大方、面容精神、服饰整洁，既能体现一个人的精神面貌、礼仪素养和工作态度，也能体现中华民族的优良传统。

知识结构

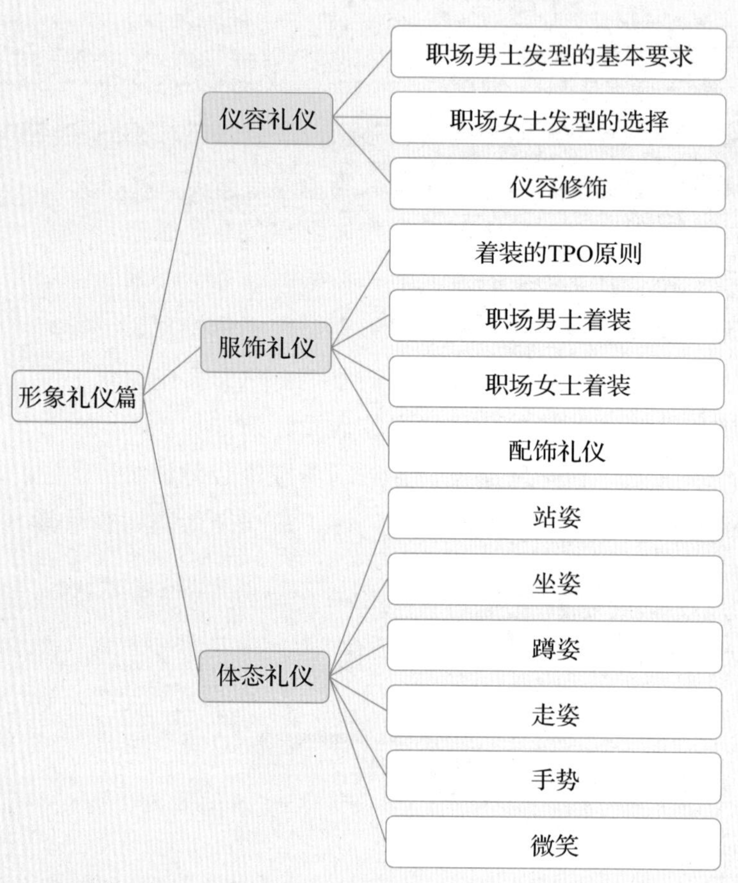

项目一

仪容礼仪

不同的仪表代表着不同的形象，不同形象就会有不同的机遇。这不是“以貌取人”的问题，而是第一印象管理的问题，应引起重视。

思政园地

南开中学容止格言

面必净，发必理，衣必整，纽必结；头容正，肩容平，胸容宽，背容直。

气象：勿傲、勿暴、勿怠；颜色：宜和、宜静、宜庄。

仪表，指人的外表，包括仪容、服饰、姿态和风度，是一个人文化教养、性格内涵的外在表现。

仪容，指人的容貌，由发式、面容以及人体所有未被服饰遮掩的肌肤所构成，也是个人仪表的基本内容。

一、职场男士发型的基本要求

（1）长度不超过7厘米，前不过额头，后不触及衣领，左、右不盖住耳朵；

（2）发型轮廓分明，符合个体实际，如中分或寸头等；

（3）不剃光头。

职场男士常见的发型见图1-1。

图1-1

二、职场女士发型的选择

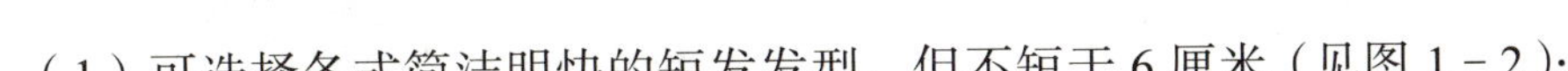

（1）可选择各式简洁明快的短发发型，但不短于6厘米（见图1-2）；

（2）如留长发应用简洁的头饰将头发束起或盘发固定于脑后（见图1-3）；

图1-2

图1-3

（3）不宜将头发披散、压眉盖脸，也不能剃平头、光头。

小贴士

发型小秘密

露出额头显得更聪明、开朗，忌把头发染成时髦怪异的颜色，避免标新立异。

互动练习1　客户经理的仪容仪表礼仪

背景：某公司的客户经理彭小姐年轻漂亮、有活力，是个爱美之人，工作也很勤奋。她经常主动去拜访客户，加强与客户的沟通。一个盛夏的午后，她穿着真丝无袖连衣裙，化了精致的淡妆，长长的指甲做了色彩鲜亮的美化，前往客户公司拜访。

互动提示：作为商务公司的工作人员，拜访客户时应注重仪容仪表礼仪，包括对作为“第二张脸”的双手的清洁与保养，指甲长度不应超过手指指尖，保持指甲清洁，不宜涂抹有色指甲油和彩绘，不宜文刺手臂，腋毛不能外露。

互动讨论：前去拜访客户，在仪容仪表方面应注意哪些问题？

互动练习2　长发职场女士束发（盘发）的要求

背景：职场女士以束发或盘发示人，保持整洁，减少发型随意和松散的感觉，以打造端庄、干练的形象。

互动提示：职场女士的发型应整齐、简单、明快。因此需及时清洗头发、修剪发型，以保持整洁。留长发的职场女士发型要求：

（1）不留刘海或修短刘海，露出眉毛；

（2）不允许披散头发，应用皮筋将脑后的长发束起并全部放入素色发饰内。

互动练习：女生参照图1-4、图1-5，自主或为小组内长发成员进行束发（盘发）。

图1-4

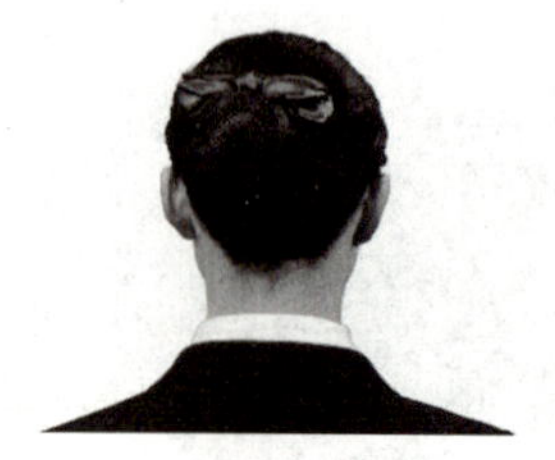

图1-5

三、仪容修饰

在职场，随时保持良好状态和得体妆容是全身心投入工作的前提。对于女性而言，皮肤保养是每日的必修课。即使在不化妆时，皮肤的清洁、面容的整洁也是必需的。

（一）护肤基础知识

皮肤的构造如图 1－6 所示。按皮脂腺的分泌状况，皮肤可分为四种肤质类型：中性皮肤、干性皮肤、油性皮肤和混合性皮肤。在实际生活中，敏感性皮肤也是一类常见的肤质。

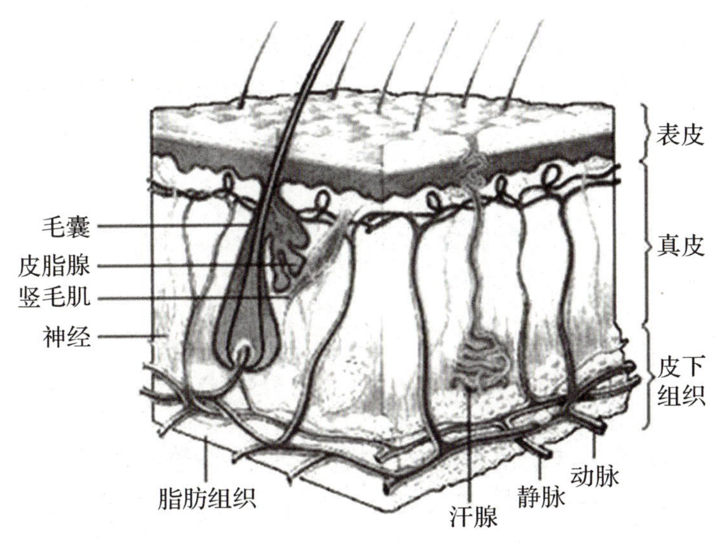

图 1－6

互动练习 3　如何辨别你的肤质

背景： 保持良好状态和得体妆容的前提是皮肤保养，在此之前了解自己的肤质很重要，这也是正确选择护肤品的基础。

互动提示： 依据皮肤的知识，使用纸巾按压测试法，了解自己的皮肤类型，为正确护肤及保养做好准备。

互动练习： 分小组进行肤质的测试，小组成员之间分享测试体会，了解和掌握皮肤类型。

（二）面部修饰

男性注重“洁”，剃须修面——职场男士形象的亮点。

女性讲究“雅”，职业淡妆——职场女士的标志。

小贴士

化妆小秘籍

1. 平时上网或者阅读书籍，学习化妆的方法，了解哪种妆容适合自己。

2. 粉底液和蜜粉之后不能再用粉饼，否则会破坏妆容。在对妆容要求不高的情况下，粉饼可以替代粉底液。

3. 根据职业选择适合的妆容。例如销售人员应具亲和力，所以应选职业淡妆，不应化浓妆。

4. 选择正规的化妆品，妆后显得干净整洁。

5. 不同环境适用不同的妆容，妆容应看起来不突出，能够更好地适应环境。

6. 根据穿着化妆。妆容和衣着搭配才能显得更靓丽。

7. 根据光线调整妆容。例如办公室光照颜色偏冷，化妆之后要看起来有生气、有活力。

8. 化妆可能会花费很多时间，平时勤练习，计划好时间，不要到单位再去化妆，匆忙又耽误工作，还可能给其他人留下不好的印象。

互动练习 4 职场新人的职业淡妆化妆术

微课视频 1
职业淡妆化妆流程

背景：蔡蒙是某财经大学的应届毕业生，经过严格的面试环节，她成为某银行的客户经理。今天是正式上岗的第一天，蔡蒙的仪容修饰应注意哪些问题？

互动提示：职业淡妆的基本操作流程如下（见图 1－7）：

（1）化妆前的准备：清洁皮肤后修整眉型，均匀涂抹化妆水、润肤霜（乳）（见图 1－8）；

（2）粉底霜（乳）：薄而透（见图 1－9）；

（3）散粉：实而自然（见图 1－10）；

（4）眼影：过渡自然（见图 1－11）；

（5）眼线：位置、粗细适宜（见图 1－12）；

（6）夹卷睫毛、涂睫毛膏：自然立体（见图 1－13）；

（7）画眉：略显棱角（见图 1－14）；

（8）涂唇膏：自然持久（见图 1－15）；

（9）涂腮红：位置、呼应适宜（见图 1－16）；

清洁皮肤、修正眉型后	程序	要求
第一环节	（1）抹化妆水、润肤霜（乳）	均匀
	（2）抹粉底霜（乳）	薄而透
	（3）涂散粉	实而匀
第二环节	（4）画眼影	过渡自然
	（5）画眼线	位置、粗细适宜
	（6）夹卷睫毛、涂睫毛膏	自然立体
	（7）画眉	略显棱角
第三环节	（8）涂唇膏	自然持久
第四环节	（9）涂腮红	位置、呼应适宜
检查整妆	（10）定妆	整体效果

图 1－7

图 1－8

图 1－9

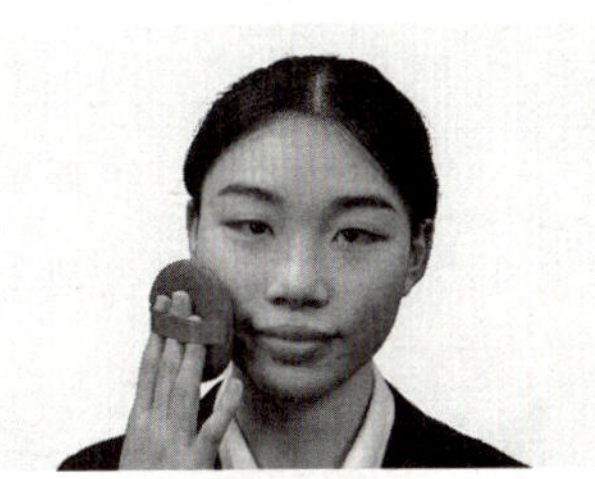
图 1－10

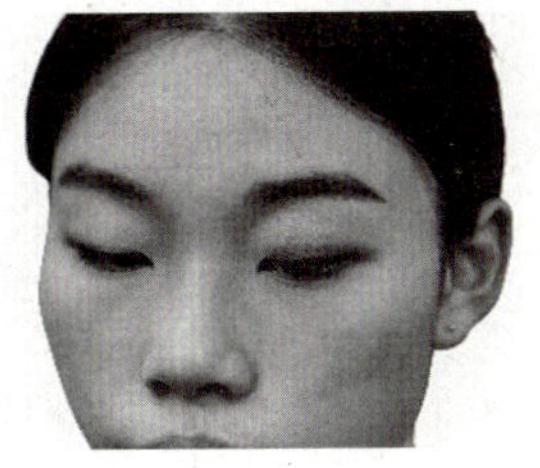
图 1－11

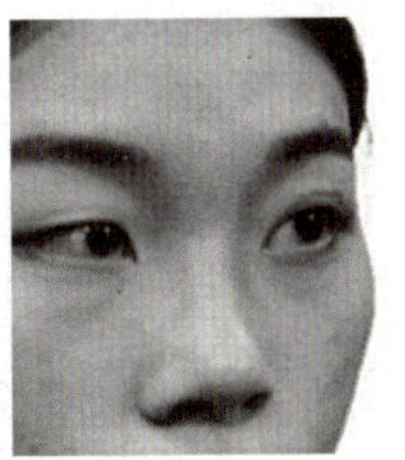
图 1－12

图 1－13

图 1－14

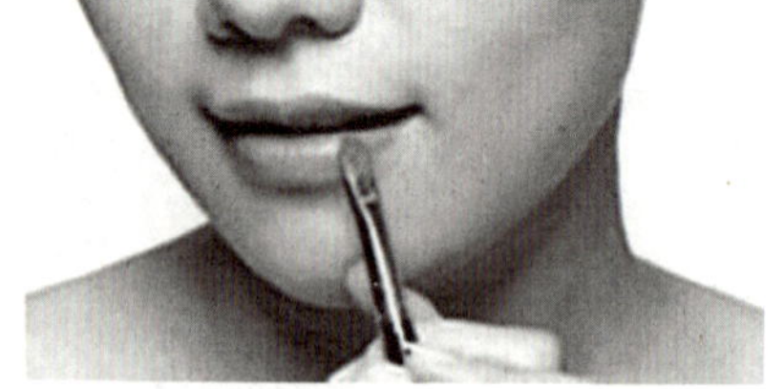
图 1－15

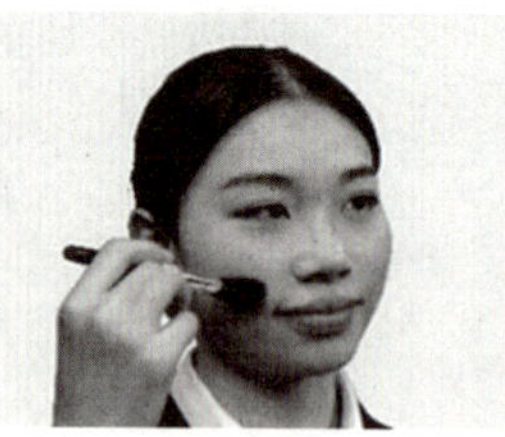
图 1－16

（10）定妆：将镜子放在 45～60 厘米处检查整体上妆效果，体现职业淡妆的特征，即简洁、明朗、用色单纯、线条清晰，妆型略带棱角（见图 1－17）；

（11）卸妆：使用卸妆乳或水、洗面奶、化妆棉、纸巾及护肤用品先局部卸眼、唇、眉的妆（见图 1－18），再进行面部整体卸妆（见图 1－19）；

图 1－17

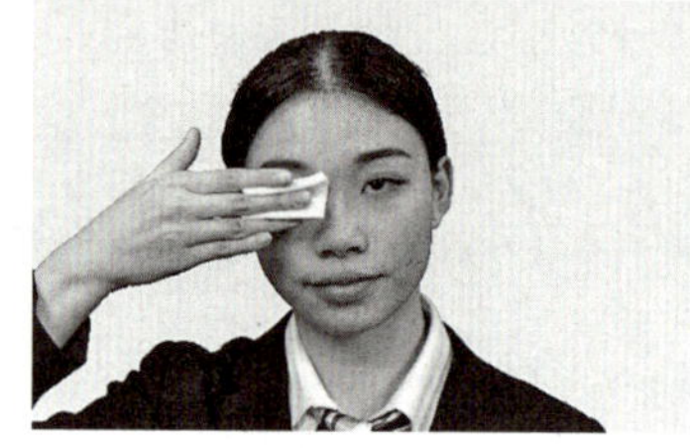
图 1－18

图 1－19

（12）净面后护肤，完成。

互动练习： 全体学员分成 2～3 人一组，以小组为单位，按步骤进行操作练习。

小贴士

涂腮红小技巧

长脸：腮红可以横向晕染；

方脸：腮红可以斜向晕染；

圆脸：腮红可以纵向晕染；

“申”字脸：腮红可以选择深一点，以颧骨最高点为起点，向鼻翼方向晕染；

“由”字脸：涂腮红时不能太靠近脸中部，可斜向晕染。

自我评估

自我形象测试

一、情景描述

为了测评每个人的自我形象，专家设计了一套测试，用一组形容词（包括正面与负面）来描述受试者的人格、习惯和态度。

在下面的测试中，有 50 个形容词，请从头到尾读两次。第一次读时，如果看到的形容词切合自己的个性或形象，就在“我就是”栏里画“√”。第二次读时，看到自己将来想具备的形象特质形容词就在“我想要成为”栏里画“√”。有些形容词在两栏中都会被画上“√”，表示你目前和将来都具有这些特质；另一些形容词则可能只有一个“√”，可能一个“√”也没有。下面的例子可以帮助你了解如何进行测试：

(√)(　) 有所保留

(　)(√) 有成就

(√)(√) 有道德

(　)(　) 无趣

像以上这样作答的人，表示他觉得有所保留，但不是真想如此；他尚无成就，但希望能够事有所成；他是个有道德的人，将来也想继续如此；他并不是无趣的人，将来也不希望如此。

千万记得，两次画“√”要分开进行。作答完毕，再按计分标准计算出得分。

自我形象测试表

	我就是	我想要成为		我就是	我想要成为
野心勃勃的			好辩的		
独断的			吸引人的		
好战的			粗鲁的		
谨慎的			合作的		
迷人的			聪明的		
肯竞争的			肯合作的		
有创造力的			愤世嫉俗的		
好奇的			大胆的		
果断的			坚毅的		
迂回的			小心的		
卖力的			有效率的		
精力充沛的			有趣的		

续表

	我就是	我想要成为		我就是	我想要成为
好妒的			宽容的		
受挫的			慷慨的		
诚实的			引人注目的		
行动的			独立的		
懒惰的			乐观的		
能言善辩的			有耐心的		
实际的			有原则的		
轻松的			机智的		
自我中心的			有信心的		
敏感的			聪明能干的		
顽固的			胆小的		
强硬的			可信的		
温和的			顺从的		

二、计分标准和结果分析

在你的答案里，如果一个形容词只有一个“√”，计 1 分；如果有两个“√”，不计分；如果没有“√”，也不计分。把可以得分的形容词数目加起来，得分就是测试的总分。

2 ～ 5 分：你对自己有很高的正面评价，你的表现和态度很像你希望的那样。在职场中，你的正面自我形象可以转化为信心而影响到其他人。你的高度正面自我形象会让你愿意承担风险、发掘机会。因为你有信心，并对自己的能力感到满意。其他人则可能受你鼓舞，以你为榜样。得分在此区间的人，成功的机会和个人成就感都很高。

6 ～ 11 分：你对自我形象感到满意，即使“真正的自己”和“理想中的自己”仍有一些差距。你可以试着从第二栏中挑一两个你所希望具备的人格特质形容词，努力去做，你会发现颇有收获。得分在此区间的人，具有健康的人格。

12 ～ 21 分：大多数人得分都在此区间，如果你的得分在此区间，你最该做的就是尽可能缩小“真正的自己”和“理想中的自己”之间的差距，这需要决心和努力，但也只有如此才能够增加信心和动力，进而迈向成功。

22 ～ 33 分：得分在此区间的人经常看轻自己，对自我形象并不满意，对自己追求成功的能力也没有信心。如果想达到你的目标，你必须投入时间和精力，努力于人格发展。

34 分以上：你对自己感到失望，对自己不满意，常会有受挫和失望的情绪。要改变你的人格并不容易，不过要谨记一点，人格成长是一辈子的事情，不是一夜之间的成就。如果你不知如何开始，不防找专家帮忙。

项目二 服饰礼仪

现今越来越多职场人士重视自己的服饰，那是因为服饰是身份的象征，也是一个人审美情趣、文化修养、职业水准的直接反映。

一、着装的 TPO 原则

TPO 原则是世界通行的着装最基本原则。时间（T）原则，着装要与季节相吻合，符合时令；地点（P）原则，着装要与所处地点的环境以及不同国家、区域、民族的习俗相吻合，符合着装人的身份；场合（O）原则，根据不同的交际场合、交往对象选择服饰，给人留下良好的印象（见图 2－1）。

图 2－1

二、职场男士着装

（一）七大件穿着合体

（1）西服（上衣、下裤）：深蓝色或炭灰色，单排扣。

（2）领带：红、蓝，经典图案。

（3）衬衫：白或浅蓝色，无图案或条纹，标准领或温莎领。

（4）鞋：黑色或深棕色、系带或无带。

（5）袜子：比裤子的颜色深，忌穿浅色。

（6）腰带：与鞋子同色，黑色或褐色。

西服穿着见图 2－2。

图 2－2

（二）常用的几种领带结型系法

1. 温莎结

此种结型因其宽度较一般结型宽，适用于意大利式领口（八字领）的衬衫，也适合与浪漫细致的丝质领带相互搭配。

温莎结的系法见图 2－3。

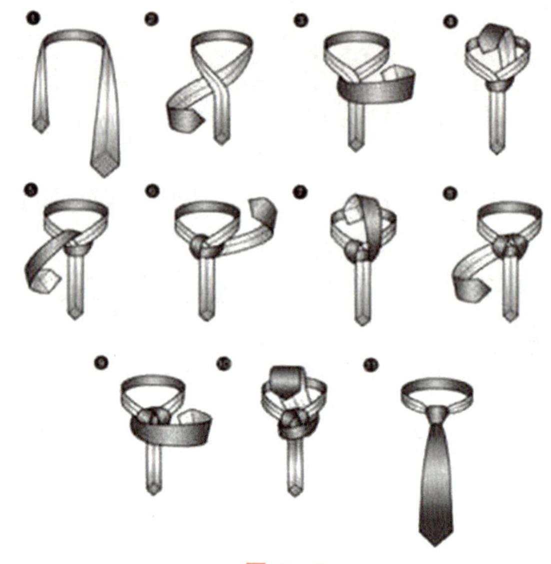

图 2－3

步骤：

（1）把大端跨在小端之上，形成三个区域（左、中、右）；

（2）把大端从小端之下由右翻到中；

（3）把大端翻下到右；

（4）把大端从小端之下由右翻到左；

（5）把大端翻到前面至中；

（6）把大端从领带结之下由中翻到右；

（7）把大端从领带结中间往下；

（8）把大端从领带结右边从下往上翻到左；

（9）把大端翻到小端之下，由左至中；

（10）把大端穿过前面的圈，并束紧领带结；

（11）一只手轻拉着小端前端，另一只手把领带结移至衣领的中心。

2. 半温莎结

此款结型比温莎结小，十分优雅。系法亦较为简单，十分适合中国人的脸型，适用于各种商务和社交场合。

半温莎结系法见图 2－4。

步骤：

（1）开始时领带的大端在右，小端在左，形成三个区域（左、中、右）；

（2）把大端跨在小端之下；

（3）把大端从小端之下由左翻到右；

（4）把大端翻上至中；

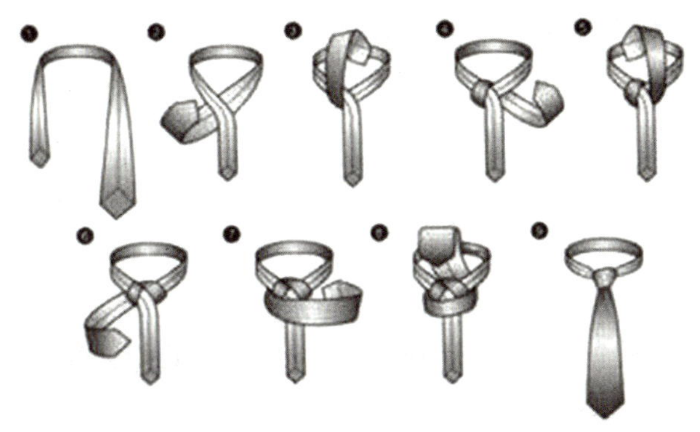

图 2－4

（5）把大端翻到领带结之下，到达左；

（6）把大端翻出，由左至右；

（7）把大端翻到领带结之下，到达中；

（8）把大端穿过前面的圈，并束紧领带结；

（9）一只手轻拉小端前端，另一只手把领带结移至衣领的中心。

3. 单结

单结是所有领结中最容易的，适用于各种款式的衬衫及领带。

单结系法见图 2－5。

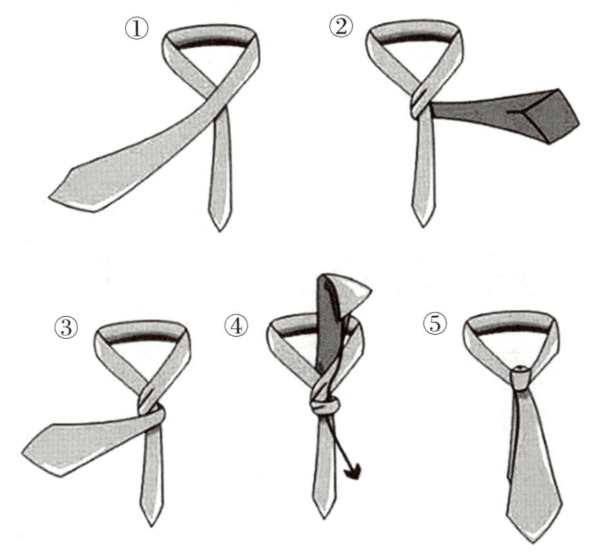

图 2－5

步骤：

（1）领带的大端在右，小端在左；

（2）将大端绕到小端之后；

（3）将大端在正面从右翻到左，成环；

（4）把大端翻到领带结之下，并从领口位置翻出；

（5）将大端插入先前形成的环中，系紧。

互动练习1 职场男士常用领带结型的选择

背景： 职场男士在较为正式的商务场合应着西服系领带，需正确选择领带结型。

互动提示： 根据不同的场合以及所着衬衣，同时兼顾自己的脸型特点和身材，进行正确选择。

互动讨论： 分小组进行讨论，小组成员之间分享讨论结果，了解和掌握自己适合的领带结型。

互动练习2 职场男士半温莎结的领带系法

背景： 半温莎结是使用频率比较高的一种结型，系法亦较为简单，十分适合我们中国人的脸型，而且也适合各种商务和社交场合。

微课视频2
温莎与半温莎领带结型及系法

互动提示： 根据所掌握的服饰礼仪知识和技能，按照职场男士西服着装礼仪的要求，依据图解和步骤加以实操训练。

互动练习： 以小组为单位，每个同学，尤其是男生，使用约20分钟时间，进行职业着装中半温莎结的系法操作训练，包括自我练习和两人一组为他人系领带练习，掌握领带系法。

（三）西服穿着的注意事项

系领带时衬衣的第一粒纽扣必须扣上，领子呈闭合状（见图2－6）。

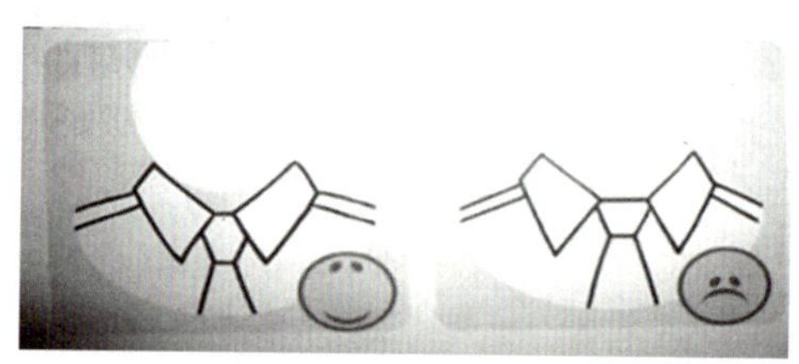

图2－6

图片来源：徐晶．现代职场形象设计．北京：中信出版社，2007.

衬衣的袖子应长出西服袖子1～1.5厘米（见图2－7），衬衣的领子应高出西服领子1～1.5厘米（见图2－8）。

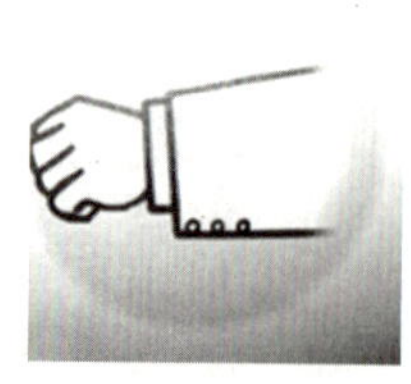

图2－7

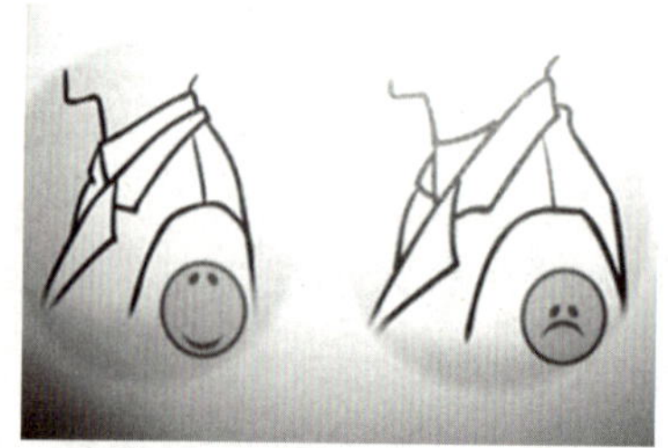

图2－8

图片来源：徐晶．现代职场形象设计．北京：中信出版社，2007.

领带结要与衬衫领和谐搭配，不应太紧，也不能太松。领带大端的最宽点应位于腰带处。

职场男士西服穿着应遵循三色原则（全身不超过三种颜色）、三一定律（鞋、腰带、公文包为同样颜色、同样质地）、三大禁忌（不拆商标、乱穿袜子、错用领带）。

互动练习3　营销人员的仪容仪表不可忽视

背景： 王阳是某高校的高才生，毕业后到一家公司营销部供职。一天，王阳去某公司推销产品。因王阳在校就不拘小节，穿衣随便，这一次和往常一样，他很随便地穿了一件无领毛边短袖T恤、休闲拖鞋就去拜会该公司的老总。公司门卫见他穿得如此随意，立刻拦住他，对他详加盘问，弄得王阳好不尴尬，费尽口舌，百般解释，才终于放行。王阳上了楼，刚要自报家门说明要拜会老总，就被秘书颇为礼貌地告知老总不在。王阳很扫兴地走出公司，刚好遇见在这家公司供职的昔日同窗好友，遂告知所受“礼遇”。好友上下打量一番，坦言告诉他，老总就在公司，但请他换件衣服、换双鞋子再来。王阳恍然大悟，自此，不敢再随随便便着衣戴帽。

互动提示： 在营销产品等工作过程中，营销人员的仪表服饰十分重要。每位营销人员都要做到着装自然、整洁、大方，符合职场着装规范。

互动讨论： 以小组为单位讨论，作为营销人员，工作中在着装及鞋袜的搭配上应注意哪些问题。

三、职场女士着装

（一）职场女士套装穿搭的基本原则

1. 整齐

职业套装必须合身，袖长至手腕，裤长至脚面，裙长过膝盖，内衣不能外露；衬衫的领围以可插入一指大小为宜，裤裙的腰围以可插入五指为宜；不挽袖，不卷裤，不漏扣，不掉扣；领带、领结、丝巾与衬衫领口要吻合紧凑且不系歪；如有工号牌或标志牌，要佩戴在左胸正上方，有的岗位还要戴好帽子与手套。

2. 干净

衣裤无污垢、无油渍、无异味，领口与袖口处尤其要保持干净。

3. 挺括

衣裤不应起皱，上衣平整，裤线笔挺。

4. 大方

款式简练、高雅，线条自然流畅。

5. 符合行业特点

依照行业来确定职业套装风格。你也许需要穿得更加富于创造性，在这种情况下，浅色和裁剪更时髦的西服或许更适合。

6. 树立形象

不宜穿迷你裙、紧身或过于暴露的衣服。工作场合着装应体现干练、简洁、庄重。社交场合着装可体现时尚、个性，可穿时装、礼服、民族服装。

小贴士

职业女装穿着小技巧

1. 宜穿合身（不是紧身）的深色套装，以套裙为佳。

2. 深色职业女装中，专业程度依次为深灰、海军蓝、黑、咖啡、酒红，有细暗纹的套装很有气质。浅色套装中，专业程度依次为白、米黄、湛蓝（比天蓝略深一点的蓝色）、暗粉红。

3. 鞋子不要选择露趾鞋、平底鞋、鞋跟超过 7 厘米的高跟鞋。在办公室备一双露趾细带高跟鞋，以备参加临时的晚宴、酒会之用。

4. 工作场合不是表现个性的地方，一切配饰以简约为上。比如珍珠项链、耳钉或水滴形耳环、单粒宝石戒指、简洁的白金指环等已经足够。艺术性强、民族异域风情浓的首饰能免则免。

5. 不宜穿着太肥大的衣服，要选择剪裁合体的衣服，应穿着让人看起来舒服的衣服。

6. 工作时应避免闪光、发亮的装扮。

7. 不可穿凉鞋配袜子。

8. 衣服的颜色应该与自身的特质相吻合，同时注意尺寸。修身的直筒裙比长裙显得利落，裙摆不应高过膝盖 2 厘米。

（二）常用丝巾结的系法

1. 基础方巾结（小平结）

系基础方巾结（见图 2－9）时，最好不要将方巾折得过细，要把方巾折得稍微宽一些。

图 2－9

系基础方巾结的步骤见图 2－10。

将小方巾对折

折成合适的宽度

绕在脖子上系一个活结

再系一个活结，成为平结，整理好即可

图 2－10

2. 金鱼结

系金鱼结（见图 2－11）的技巧如下：

（1）选择带有镶边的轻薄柔软的小方巾；

（2）微微翘起的方巾角可以增加活力动感；

（3）丝巾的尾端长度要对称，这会让造型看起来更简单利落。

图 2－11

系金鱼结的步骤见图 2－12。

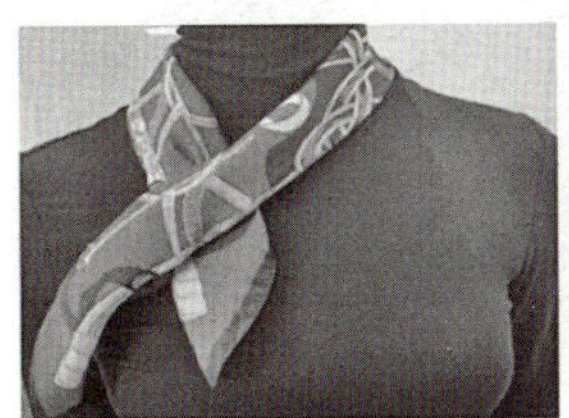
将丝巾折至合适的宽度，围上脖子，一端长、一端短

将长的一端绕过短的一端，向上拉出一半，形成一个环

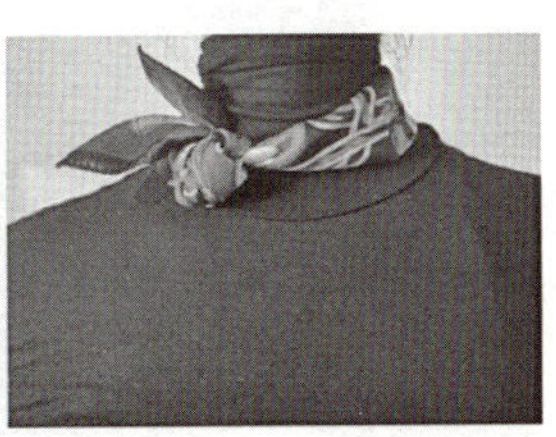
将两个丝巾角一起穿过预留的环，调整好结的形状即可

图 2－12

3. 蔷薇花结（玫瑰花结）

系蔷薇花结（见图 2－13）的技巧如下：

（1）方巾的材质不可太硬、太厚；

（2）适合颈部修长的女性，颈部较短的女性可以系在胸前；

（3）与 V 领搭配时可以柔化 V 领的线条，选择鲜艳的丝巾更具有女人味。

图 2－13

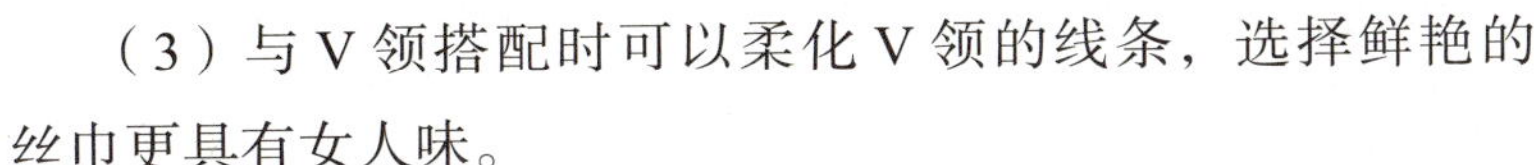

系蔷薇花结的步骤见图 2－14。

将丝巾两个对角打平结，尽量打小一点

右边的丝巾角从结下穿过去

和左边的丝巾结一起扭转一下

把左边的丝巾角从结下穿回右边，系在脖子上，整理好即可

图 2－14

4. 小领带结

图 2－15

系小领带结（见图 2－15）的技巧如下：

（1）选用边长约 50 厘米，条纹、图案规则的小方巾；

（2）里侧应该比外侧短 1 ～ 2 厘米，避免露在外面影响美观。

系小领带结的步骤见图 2－16。

将丝巾折成合适的宽度，围在脖子上，长的一端放在下面

长的一端绕一次包住短的一端，形成结眼

长的一端由内至外，从脖子前面的环穿出来

塞进结眼，整理好即可

图 2－16

四、配饰礼仪

配饰礼仪的基本原则是：符合身份、简洁大方、以少为佳；宜戴手表，但不宜乱戴。

男士：重在功能性，如手表、钢笔、打火机，颜色以银白色、黑色为佳。

女士：以装饰性为主，颜色以银白色为佳，款式、粗细、质地应协调一致。

在职场中忌佩戴夸张的珠宝饰品。

互动练习 4　为何客户经理未能获得客户认可？

背景： 某保险公司的客户经理董晓琴工作很努力。在一个炎热夏天的下午，她戴着一副具有明显变色效果的近视眼镜，穿着一件面料较薄且领子微微发黄、背上已渗出汗水的白衬衣，顶着烈日前去与客户会面。客户一见到她就表现出不耐烦的神情，言语间明显在应付，结果未正式进入主题，客户就借口要开会而匆匆结束了会面。

互动提示：工作时佩戴眼镜，应选择适合自己的镜架和镜片，在室内一般不应佩戴颜色过深的镜片，镜架也不宜太夸张。服装应端庄大方、整洁，符合职场的服饰礼仪规范。

互动讨论：以小组为单位讨论，作为金融行业的女性客户经理，董晓琴着装方面存在哪些不妥。

自我评估

评估一　形象塑造能力测评（男士）

一、情景描述

服饰被认为是社交场合中的“第二肌肤”，在正式场合，更是发挥着举足轻重的作用，反映着一个人的社会地位、个性、品质等。对职业男士来说，得体的外表会在很大程度上帮助自己树立信心。对于下面 15 个关于男士形象的问题，结合你的具体情况，同意的打“√”，不同意的打“×”。

1. 你是否等到衣服很旧了才会买新的？（　）
2. 你是否认为头发垂落到眉毛下面很有男人味儿？（　）
3. 你是否认为内衣只要干净就行？（　）
4. 参加面试时，你是否认为系一条鲜艳的领带会凸显个性？（　）
5. 坐着的时候，你的小腿是否会从裤管里露出一截？（　）
6. 在订购西服时，你是否觉得去掉袖口上的商标无关紧要？（　）
7. 你是否会选择商家搭配好的衬衫和领带？（　）
8. 别人赠送或者开会发给你的衬衫或领带，你并不喜欢，你是否会为了杜绝浪费而继续使用？（　）
9. 你的发型是否多年不变？（　）
10. 你是否因为赶时间而穿着拖鞋去上班？（　）
11. 你是否等到皮鞋很脏时才会去擦它？（　）
12. 炎热的夏天，你是否在谈判场合选择穿短袖衬衫？（　）
13. 在约谈客户时，你是否会将白袜子和黑皮鞋搭配？（　）
14. 你平时佩戴的手表是否色彩夺目或造型夸张？（　）
15. 你是否喜欢色彩鲜艳、图案有趣的袜子，觉得它们是一种个性的表现？（　）

二、计分标准和结果分析

如果有 9 道题以上打“√”，表明你在塑造个人形象方面的能力欠缺。

如果有 6 ～ 9 道题打“√”，表明你在塑造个人形象方面的能力一般。

如果有 6 道题以下打“√”，表明你在塑造个人形象方面的能力很强。

评估二　形象塑造能力测评（女士）

一、情景描述

请按你的第一反应用“是”或“否”来回答下列问题：

1. 你是不是经常穿袒胸露背的服装或有很多洞的服装？

2. 你的短袖 T 恤是不是都是无领的？

3. 你是不是习惯穿超短裙？

4. 你是不是只有高跟鞋，几乎没有平跟鞋？

5. 你是不是从来不佩戴丝巾？

6. 你是不是从来都只穿一种颜色的衣服或从来不改变自己衣服的色调？

7. 你佩戴的饰品是不是都是以卡通形象为主？

8. 你是不是很喜欢穿连衣裙加裤子的搭配？

9. 你是不是在上班时也佩戴巨大的耳环或粗大的金项链？

10. 你是不是很喜欢在手上戴好几个戒指？

11. 你是不是很喜欢戴手套，即使与别人握手时也不会取下？

12. 你是不是很喜欢戴墨镜，即使在室内都会戴着它？

13. 你是不是总感觉自己的脸上有多余的东西，即使与朋友或客人聊天时，你也会一直去抠？

14. 你是不是从来都不参加任何有氧运动？

15. 你是不是不在意身体发福，或只会吃减肥药来减肥？

16. 你是不是一周才洗一次头发？

17. 因为里面装了诸如化妆品、水杯、雨伞、书籍、手机等太多东西，所以你上班用的手提公文包总是鼓鼓囊囊的？

18. 你是否曾经趁别人不注意时将痰吐在办公室的走廊上？

19. 你是否喜欢穿秋裤，而外裤比较短，坐下时秋裤常常露出来？

20. 你是不是上班时喜欢穿露脚趾的凉鞋？

二、计分标准和结果分析

对以上问题的回答应该全部是“否”，如果你的回答中有“是”，那你应该好好补一补自身形象塑造的课了。

项目三 体态礼仪

举止在心理学上称为“形体语言”，是指人的肢体动作，包括手势、坐姿、站姿、走姿等，是风度的具体体现。

一个人的体态对气质的影响远胜于容貌。一个人只要是昂首、双肩展开、腰背挺直，就会散发出不一样的气场。优雅的体态会让你自带光芒！

一、站姿

站姿是人的全部体态的核心。优美、典雅的站姿是人不同动态美的基础和起点，能显示个人的自信，衬托出美好的气质和风度，并给他人留下美好的印象（见图 3－1）。

图 3－1

站姿是人们生活交往中最基本的姿势，是指人在双腿直立静止状态下所呈现出的姿势。站姿是走姿和坐姿的基础，一个人想要表现出优雅得体的姿态，首先要从规范站姿开始。得体的站姿给人以健康向上的感觉；不良的站姿，如低头含胸、双肩歪斜、倚靠墙壁、腿脚抖动等，给人以萎靡不振的感觉。站姿是一个静态的造型动作，不仅要挺拔，还要优美和典雅。

不同的站姿所反映的心理特征也是不同的。心理学测定得出：双腿并拢站立，给人的印象是可靠、脚踏实地而且忠厚老实，但表面上显得有点冷漠；两腿分开尺余，脚尖略朝外的站姿，表现出站立者果断、富有进取心、不装腔作势；双腿并拢站立，一脚稍后，两脚平置地面，则体现出站立者有雄心，是个积极进取、极富冒险精神的人；一脚直立，另一脚弯置其后，以脚尖触地，则说明站立者情绪非常不稳定，变化多端，喜欢刺激与挑战。

站姿还有正面与侧面之分。正面站姿所反映的是人们通过学习和对自身经验的总结、积累而形成的姿态特征；侧面姿态一般被认为是仍然保留着原始的感情和心理活动倾向。那种挺胸直背、身体后倾、膝盖绷直的侧面站姿，就是一种充满力量和紧张感的姿态，暗示着站立者积极努力地适应现实的倾向。

（一）常见的站姿

标准站姿应是端正、庄重、具有稳定性。站立时，从正面看应以鼻为点向地面做垂直线，人体在垂直线两侧对称，表情自然明朗。

具体要求：从正面看，全身笔直，精神饱满，两眼平视前方（而不是斜视），面带微笑，两肩平齐，两臂自然下垂，两脚跟并拢，两脚尖张开 45 ～ 60 度，成“V”字形，身体重心落于两腿正中；从侧面看，两眼平视，下颌微收，挺胸收腹，腰背挺直，双手中指贴裤缝，整个身体庄重挺拔。

职场男士在站立时，要注意表现出男性刚健、潇洒、英武、强壮的风采，力求给人一种壮美感。具体来讲，在站立时较多采用后背式站姿，其要领是双脚稍分开，双脚距离比肩宽稍窄，两脚平行，双手轻握放于背后腰处。

职场女士在站立时，要注意表现出女性轻盈、妩媚、娴静、典雅的韵味，给人一种“静”的优美感。具体来讲，在站立时，女士可以将双手相握或右手在前、左手在后相叠放于腹前（见图 3－2），双脚可以呈小“八”字步或“丁”字步（见图 3－3）。

图 3－2

图 3－3

（二）几种变化的站姿

职场人士在工作场合可以根据自身条件选择以下站姿：

1. 正站姿

双腿微微分开，挺胸抬头，收腹立腰，双臂自然下垂，下颌微收，双目平视。

2. 服务式站姿

挺胸直立，平视前方，双腿适度并拢且均匀用力，双手在腹前交叉，男士左手握住右手腕部，女士右手握住左手的手指部分。

3. 双手背后式站姿

挺胸收腹，两手在身后交叉，右手搭在左手腕部，两手心向上收。此站姿多适用于男士。

由于男女性别的差异，站姿的美也有一定的差异性，主要表现在其手位与脚位的不同。

（三）职场人士应避免的不良站姿

不良站姿，也就是职场上不应当出现的站立姿势。它们或姿态不雅，或缺乏敬人之意，职场人士若是任其自然，不加以克服，往往会无意中使本人形象和组织形象受损，使交流受阻、服务质量下降。不良站姿大致有如下八种：

1. 身躯歪斜

站立时，若是身躯出现明显的歪斜，例如头偏、肩斜、身歪、腿曲，不但看上去东倒西歪，而且还令人觉得此人颓废消沉、萎靡不振、自由放纵。

2. 弯腰驼背

除去腰部弯曲、背部弓起之外，大都还会同时伴有颈部弯缩、胸部凹陷、腹部挺出、臀部撅起等一些其他的不良体态。凡此种种，显得一个人缺乏锻炼、健康不佳、无精打采，对个人形象的损害很大。

3. 趴伏倚靠

在工作岗位上随便地趴在一个地方，伏在某处，倚着墙壁、货架而立，靠在桌柜边上等，都是不允许的。

4. 双腿大开

不管是采取规范的站姿，还是采取变化的站姿，职场人士均应切记：在站立时双腿分开的幅度不宜过大。尤其是女士在着裙装时，双腿应尽量并拢。男士双腿分开站立要注意两脚分开距离不要大于本人的肩宽。

5. 脚位不当

女士在工作岗位上站立时，双脚呈“V”字式、“丁”字式、平行式等都是允许的；呈“内八字”式、蹬踏式等则是不允许的。

6. 手位不当

在站立时，职场人士的手位如果不当，同样也会破坏站姿的整体效果。不当的手位主要有：一是将手放在衣服口袋内；二是将双手抱在胸前；三是将两手抱在脑后；四是将双肘支于某处；五是用两手托住下巴；六是手持私人物品。

7. 半坐半立

在工作岗位上，职场人士必须严守自己的岗位规范，该站就站、该坐就坐，绝对不允许在需要站立时采取半坐半立之姿。

8. 浑身乱动

在站立时，是允许略做体位变动的。但不宜在站立时频繁地变动体位，甚至浑身上下乱动不止。手臂挥来挥去、身躯扭来扭去、腿脚抖来抖去，都会使一个人的站姿变得十分难看，有失稳重。

互动练习1 职场男士与女士的站姿礼仪

背景：张涛和李洁是某金融机构的大堂经理和理财顾问，经常会在大堂站立，为客人提供业务指导及咨询服务。

互动提示：作为金融行业的工作人员，对于站姿有一定的要求。同时基于性别的差异，对男女站姿的要求也不同。男士要求开放大气，女士要求端庄矜持。

互动讨论：对比金融行业女性与男性工作人员，他们在站姿上所展现的手位与脚位应该有哪些不同？

二、坐姿

坐姿是职场人士重要的姿势和举止。良好的坐姿能给人以优雅、稳重、自然、大方的美感。

（一）标准坐姿

坐姿是可以变化的，但原则是要端坐，腰立直，头、上体与四肢协调配合。男女因性别不同，坐姿也有所区别。在正式场合，男士坐姿应是“坐如钟”（见图 3－4），给人一种四平八稳的感觉。而女士坐姿应体现阴柔之美，就座时要缓而轻，如清风徐来，给人以美感。

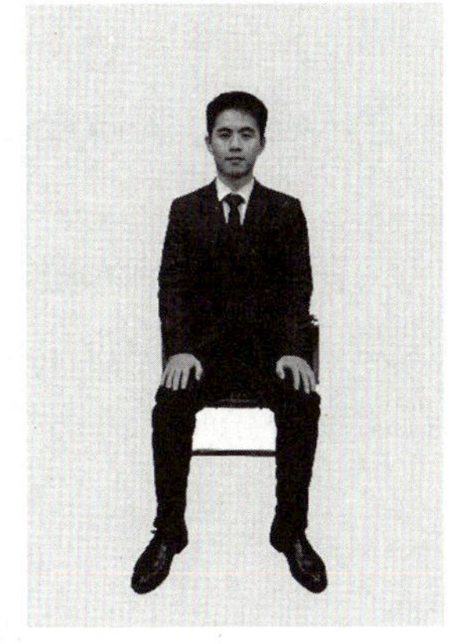

图 3－4

男士坐姿的基本要求：双腿之间可适度留有间隙，双腿自然弯曲，两脚平落地面，不宜前伸。在日常交往场合，男性可以跷腿，但不可跷得过高或抖动。

女士坐姿的基本要求：大腿并拢，小腿可以交叉，但不宜向前伸直。如着裙装，应养成习惯在就座前从后向前抚顺裙摆再坐下。

标准坐姿规范：

（1）头部端正；

（2）躯干直立；

（3）双脚并拢（见图 3－5）。

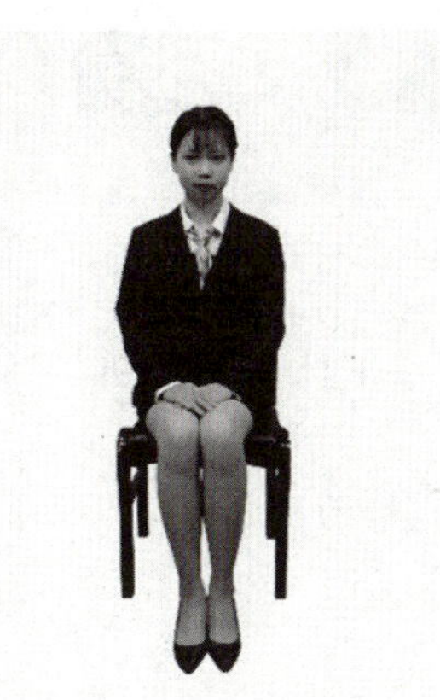

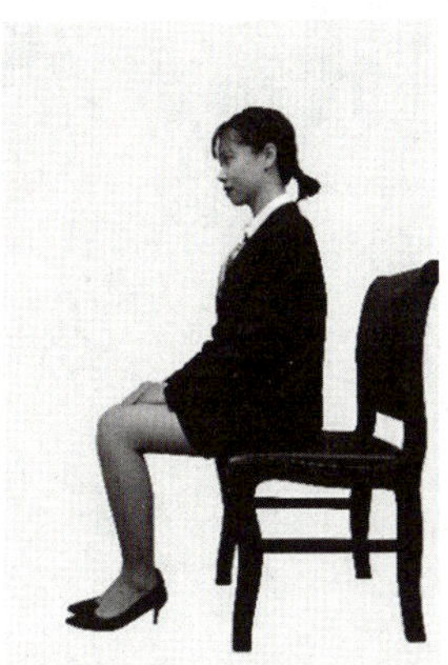

图 3－5

（二）入座礼仪

入座，又叫就座。职场人士在入座时的基本要求如下：

1. 在他人之后入座

出于礼貌，应与他人一起入座，或与对方同时入座。而对方是自己的客户时，一定要先请对方入座，而自己随后入座。

2. 在适当之处入座

在大庭广众之处入座时，一定要坐在椅、凳等常规的位置。要是坐在桌子上、窗台上、地板上，往往是失礼的。

3. 在合“礼”之处入座

与他人同时入座时，应当注意座位的尊卑，并且主动将上座相让于人。

4. 从座位左侧入座

若条件允许，最好从座椅的左侧入座。这样做是一种礼貌，而且也易于入座。

5. 向周围之人致意

在入座时，若附近坐着熟人，应主动跟对方打招呼。若不认识身边的人，亦应向其点头致意。在公共场合，要想坐在别人身旁，须先征得对方首肯。

6. 悄无声息地入座

入座时，要减慢速度，放松动作，不要坐得座椅乱响，噪音扰人。

7. 以背部接近座椅

在他人面前入座，最好背对着自己的座椅，这样就不至于背对着对方。得体的做法是：先侧身走近座椅，背对其站立，左腿后退一点，以小腿确认一下座椅的位置，然后随势坐下（见图 3－6）。必要时，可以一只手扶座椅的把手。

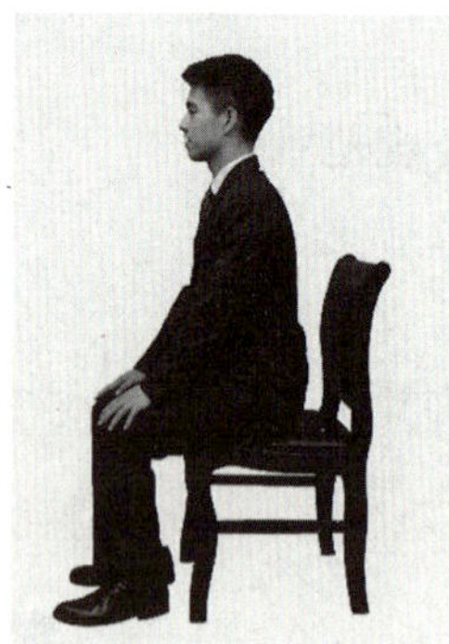

图 3－6

8. 坐下后调整体位

为使自己坐得舒适，可在坐下之后调整一下体位或整理一下衣服。但是这一动作不可与入座同时进行。

（三）离座礼仪

1. 先有表示

离开座椅时，身旁如有人在座，须以语言或动作向其示意，随后方可站起身来。

2. 注意先后

与他人同时离座，须注意起身的先后次序。地位低于对方时，应稍后离座；地位高于对方时，则可首先离座；双方身份相同时，可同时起身离座。

3. 起身缓慢

起身离座时，最好动作轻缓，无声无息。尤其要避免“拖泥带水”，弄响座椅，或将椅垫、椅罩弄得掉在地上。

4. 站好再走

离开座椅后，先要采用基本的站姿。站定之后，方可离开。要是起身便跑，或是离座与走开同时进行，则会显得过于匆忙。

5. 从左侧离开

条件允许时，起身后宜从左侧离开。与“左入”一样，“左出”也是一种礼节。

（四）女性典型坐姿

1. 正坐式

这是最传统的坐姿，适用于大部分场合，尤其是正规场合。

要领：上身与大腿、大腿与小腿、小腿与地面，都应当成直角；双膝双脚适度并拢（见图 3－7）。

2. 双腿叠放式

女士着裙装时采用这种坐姿较为优雅。

要领：双腿一上一下交叠在一起，两腿之间没有间隙，双腿斜放于左侧或右侧，腿部与地面约呈 45 度角，叠放在上的脚尖垂向地面（见图 3－8）。

3. 双脚交叉式

这也是常用的一种坐姿。

要领：双脚在踝部交叉，交叉后的双脚可以内收，也可以斜放，但不宜向前方远远直伸出去（见图 3－9）。

4. 双腿斜放式

要领：双腿完全并拢，双脚向左或向右斜放，斜放后的腿部与地面约呈 45 度角（见图 3－10）。

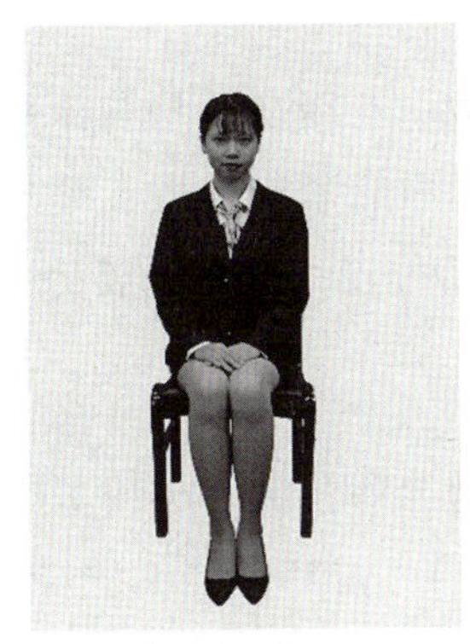
图 3－7

图 3－8

图 3－9

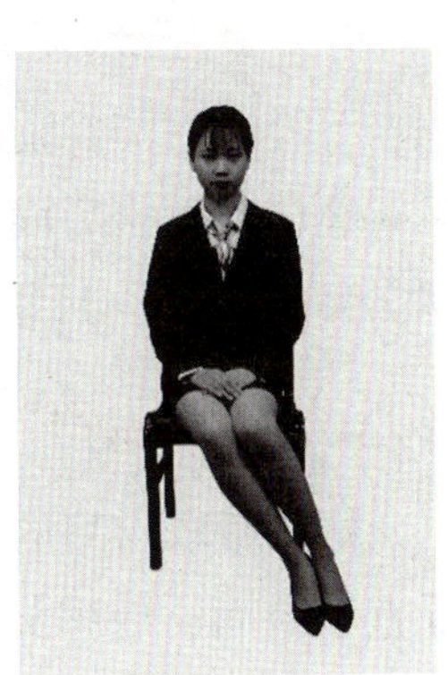
图 3－10

互动练习 2 职场的坐姿规范

背景： 程玲是一名证券投资公司的员工，她的工作内容是在大堂矮柜为客户办理证券的一些网上业务。有一天当有客户进来的时候，程玲还坐在她的旋转椅子上左摇右晃，加之办理业务的过程中网络出现故障，程玲斜坐在椅子上，一副漫不经心的样子，引起了客户的极度不满，产生了矛盾，引来客户投诉。

互动提示： 从全融行业柜面服务人员坐姿的角度来分析。

互动讨论： 客户为什么要投诉程玲？良好的坐姿应该怎么体现？

三、蹲姿

（一）蹲姿的要求

当要下蹲取物时，上体尽量保持正直，两腿合力支撑身体，靠紧向下蹲。女士无论采取哪种蹲姿，都要将腿靠紧，臀部向下。下蹲时应举止自然、得体、大方、不造作，体现出蹲姿的优美。

捡拾地上东西或低处取物是人们日常生活中常遇到的。如果姿势不雅，不仅仅是美丑的问题，有时不小心会“闪到腰”，严重者甚至造成腰椎间盘突出症。有的人捡东西的时候弯腰弓背，低头撅臀，或者双膝分开，这些姿势都是不合适的，既不雅观，也不礼貌。因此当蹲下捡东西、取物或者系鞋带时一定要注意自己的姿态，尽量迅速、美观、大方。

（二）蹲姿的种类

1. 高低式蹲姿

下蹲时左脚在前、右脚在后，两腿靠紧向下蹲。左脚全脚着地，小腿基本垂直于地面，右脚脚跟提起，脚掌着地。右膝低于左膝，右膝内侧靠于左小腿内侧，形成左膝高、右膝低的姿势，臀部向下，基本上以右腿支撑身体。左右脚可以交换前后位置，做相同姿势。女士选用高低式蹲姿时，要双膝靠拢（见图 3－11）；男士选用这种蹲姿时，两腿之间可有适当距离（见图 3－12）。

2. 交叉式蹲姿

下蹲时右脚在前、左脚在后，右小腿垂直于地面，全脚着地。左腿在后与右腿交叉重叠，左膝由后面伸向右侧，左脚跟抬起，脚掌着地。两腿前后靠紧，合力支撑身体。臀部向下，上身稍前倾（见图 3－13）。左右脚可以交换前后位置，做相同姿势。

（三）蹲姿取物的基本要领

站在所取物品的旁边，一脚向后退半步，两腿向下蹲，前脚全脚着地，小腿基本垂直于地面，后脚脚跟提起，脚掌着地，臀部向下。男士两腿间可留有适当的缝隙；

图 3-11

图 3-12

图 3-13

女士则要两腿并紧，穿旗袍或短裙时需更加留意。不要低头，也不要弓背。两腿合力支撑身体，控制好身体的重心，取物后迅速起立。

互动练习 3　拾捡资料

背景：在银行大厅中，客户经理李丽和客户谈话时，客户的资料掉在地上，李丽需要帮他捡起。

互动提示：主要从拾捡资料的蹲姿来说明。

互动练习：这时李丽应该怎么做？请演示出来。

四、走姿

行走是人们生活中的主要动作之一。走姿体现的是一种动态的美。我们对走姿的要求是“行如风”，即走起路来要像风一样轻盈，行走动作连贯，从容稳健。生活中正确使用标准走姿，是给人留下美好印象的关键之一。

思政园地

钟南山院士的走姿

2020 年 8 月 11 日，习近平签署主席令，授予钟南山院士“共和国勋章”。授勋仪式上，钟院士身姿挺拔，步履矫健，完全不像一位已有 84 岁高龄的老人。之后钟南山院士在广州医科大学与学生见面的时候，提到这件事，半开玩笑地说：“我自己故意在红地毯领奖的时候走快一点，显示我还没老。”钟院士作为我国呼吸疾病研究领域的领军人物，一直站在抗疫的最前线。体态是无声的语言，一个人的体态展示了他的健康状况和心理状态。就像钟南山院士的矫健走姿，正来自他长期的锻炼与内心的信念。

（一）标准走姿

上身保持站立的标准姿势，挺胸收腹，腰背笔直，面带微笑，双臂以肩关节为轴，前后自然摆动，前摆约 35 度，后摆约 30 度，肘关节略弯曲，手掌朝向体内，手指自然弯曲，起步时身子稍向前倾，重心落于前脚掌，膝盖伸直，脚尖向正前方伸出。女士行走时线迹要成为“一条线”，男士行走时线迹要成为“两条平行线”。此外，还要注意步幅、步高、步速。

步幅，一般是前脚脚跟与后脚脚尖相距为一个脚长。由于性别和身高不同，步幅会有一定差异。男士穿西服时，走路的步幅可略大些，以体现挺拔、优雅的风度；女士着套裙、旗袍和中高跟鞋时，步幅宜小些，以显得优雅。

步高，指行走时脚抬起的高度。步高不宜过高，也不宜过低。

步速，即行走速度。男士步速一般约为 110 步 / 分钟，女士约为 120 步 / 分钟。

行走中的姿态，男士应显出阳刚之美，给人以充满自信及镇定自若的气度；女士要显出阴柔之美。步态轻盈的同时，注意体现稳健、自然、大方，要体现力度与弹性。

（二）不同场合的走姿

作为职场人士，在掌握标准走姿的基础上，还须掌握陪同引导、上下楼梯、进出电梯、变向行走等不同场合的走姿。

1. 陪同引导

陪同，指的是陪伴着别人一同行进。引导，则是指在行进之中带领别人，有时又叫作引领、引路或带路。职场人士在自己的工作岗位上服务于人时，经常有陪同或引导客户的机会。陪同引导客户时，通常应注意四点：

（1）本人所处的方位。

若双方并排行进时，工作人员应居于客户左侧；若双方前后行进时，工作人员应居于客户左前方约一米的位置。当客户不熟悉行进方向时，一般不应请其先行，同时也不应让其走在外侧。

（2）协调的行进速度。

在陪同引导客户时，本人行进的速度须与对方相协调，切勿我行我素，走得太快或太慢。

（3）及时的关照提醒。

陪同引导客户时，一定要处处以对方为中心。每当经过拐角、楼梯或道路坎坷、照明欠佳之处时，须关照提醒对方留意，绝不可以一声不吭，而让对方不知所措或行动不便。

（4）采用正确的体位。

陪同引导客户时，有必要采取一些特殊的体位。请对方开始行进时，应面向对方，稍许欠身。在行进中与对方交谈或答复其提问时，应以头部、上身转向对方。

2. 上下楼梯

上下比较高的楼梯时，职场人士应当遵守有关规定，特别注意以下三点：

（1）减少在楼梯上的停留。

楼梯是人来人往之处，所以不要停在楼梯上休息、站在楼梯上与人交谈或是在楼梯上慢慢悠悠地行进。

（2）坚持“右上右下”原则。

上下楼梯时，均不准并排行走，而应当自右侧上、自右侧下。

（3）注意礼让客户。

上下楼梯时，千万不要同客户抢行，出于礼貌，可请对方先行。当自己陪同引导客户时，则应上下楼梯时先行在前。

3. 进出电梯

职场人士免不了经常使用电梯。在使用电梯时，应注意以下问题：

（1）使用专用电梯。

假如本单位有条件并做出了此种规定，则一定要自觉遵守。

（2）牢记“先出后进”。

乘电梯时，一般的规矩是：里面的人出来之后，外面的人方可进去。

4. 变向行走

所谓变向行走，是指在行进之中变换自己的方向。职场人士所采用的变向行走，主要包括后退、侧行、前行转身、后退转身等。

（1）后退。

后退时扭头就走是失礼的。可采用先面向交往对象后退几步，再转体离去的做法。通常面向他人后退两三步。后退时步幅宜小，脚宜轻擦地面。转体时，应身先头后。

（2）侧行。

在行进时，有两种情况需要侧身而行：一是与同行者交谈或引导来宾之时。具体做法是：上身宜转向交谈对象，身体与对方保持一定距离。二是与他人狭路相逢时。此刻宜两肩一前一后，胸部转向对方，而不应背向对方，以示礼貌。

（3）前行转身。

即在向前行进之中转身而行，又分为两种：一是前行右转，即在前行中向右转身，应以左脚掌为轴心，左脚落地时，向右转体 90 度，同时迈出右脚。二是前行左转，与前行右转相反，在前行中向左转身，应以右脚掌为轴心，在右脚落地时，向左转体 90 度，同时迈出左脚。

（4）后退转身。

即在后退之中转身而行，分为三种：一是后退右转。先退行几步后，以左脚掌为轴心，向右转体 90 度，同时向右迈出右脚。二是后退左转。先退几步后，以右脚掌为轴心，向左转体 90 度，同时向左迈出左脚。三是后退后转。先退几步，以左脚为轴心，向右转体 180 度，然后迈出右脚；或是以右脚为轴心，向左转体 180 度，然后迈出左脚。

五、手势

微课视频 3
职场各种手势的运用

手是人体最灵巧的部位。如果说眼睛是心灵的窗户，那么手就是心灵的触角，是人的“第二双眼睛”。

手势是指表示某种意思时用手所做的动作，也是人们交往时不可缺少的动作，是一种表现力较强的体态语言，在传递信息、表达意图和情感方面发挥着重要作用。恰当地运用手势可以增强表情达意的效果，并给人以感染力。

手势在服务工作中起着重要作用。得体适度的手势，可增强感情的表达，起到锦上添花的作用。作为职场人士，手势的运用要给人一种庄重含蓄、彬彬有礼、优雅自如的感觉。

（一）规范的手势标准

规范的手势标准：五指伸直并拢，掌心斜向上方，腕关节伸直，手与前臂形成直线，以肘关节为轴，弯曲 140 度左右，手掌与地面基本形成 45 度角。

手势美是一种动态美。其基本要求是：自然优雅，规范适度。适度是指手势不宜过多，幅度不宜过大。

（二）正确使用手势

手势使用的总体要求是准确、规范、适度。手势运用准确、规范、适度，能给人一种优雅大方、彬彬有礼的感觉，真正体现出尊重和礼貌。

1. 准确

现实生活中，为避免手势使用不当引发交际双方沟通障碍甚至误解，必须准确运用手势。用不同的手势表达不同的意思，并使手势与语言表达的意思一致。如，鼓掌是一种手势，在欢迎客人到来、他人发言结束、观看体育比赛和文艺演出时，应鼓掌。但不要过分用力或时间过长，否则有起哄、捣乱之嫌。

2. 规范

在一定的社会背景下，每一个手势都有其约定俗成的意义，不能乱加使用。如介绍某人或为宾客引路时，应掌心向上，四指并拢，大拇指张开，以肘关节为轴，前臂自然上抬伸直；指示方向时，上体稍向前倾，面带微笑，自己的眼睛看着目标方向，并兼顾宾客是否意会到目标，切忌用手指指点。又如在谈到自己时，可用右手掌轻按自己的左胸，显得端庄、大方、可信。为他人“介绍”的手势、“递名片”的手势、“请”的手势等也应规范。

3. 适度

与人交谈时，可随谈话的内容做一定的手势。但手势动作的幅度不宜过大，一般手势高不过耳际、低不及腰部，横向宽度不超过 80 厘米，更不要手舞足蹈。同时，手势的使用也不宜过多，如果滥用手势，会让人产生反感。手势与语言、面部表情以及身体其他部位动作不协调时，会给人一种装腔作势的感觉。

六、微笑

（一）笑容的内涵及类型

笑容，即人们在笑的时候的面部表情。利用笑容，可以消除彼此间陌生感，打破交际障碍，为更好地沟通与交往创造有利的氛围。在商务交往中，合乎礼仪的笑容大致可以分为以下几种：

（1）含笑：不出声，不露齿，只是面带笑意，表示接受对方、待人友善，适用范围较为广泛；

（2）微笑：唇部向上移动，略呈弧形，牙齿不外露，表示自信、诚实、友好，适用范围最广；

（3）轻笑：嘴巴微微张开一些，上齿显露在外，不发出声响，表示欣喜、愉快，多用于会见客户、向熟人打招呼等情况；

（4）浅笑：笑时抿嘴，下唇大多被含于牙齿之中，多见于年轻女性表示害羞之时，通常又称为抿嘴而笑；

（5）大笑：表现太过张扬，一般不宜在职场中使用。

（二）微笑的礼仪规范

现代职场中，微笑是有效沟通的法宝，是人际关系的磁石。职场人士在工作岗位上一般都应当面带微笑，意在为服务对象创造轻松的氛围，使其在享受服务的过程中感到愉快、欢乐和喜悦，同时也表现出对服务对象的重视与尊重。

微笑并不一定非得露出 8 颗牙齿。让身边的人感受到您的真诚，就是最好的笑容。

自我评估

举止礼仪测评

一、情景描述

下表中列出的是不文明的举止，你可以对照检测自己是否有这些行为。

举止礼仪测评表

情境描述	经常	偶尔	没有
1. 坐下时，高跷二郎腿，摇来晃去			
2. 坐下时把裤腿卷起			
3. 随地吐痰			
4. 在公共场合对着镜子梳妆打扮			
5. 在公共场合大笑、大声喧哗			
6. 喝茶、喝酒等端起杯子时，伸出小指			
7. 蹲在地上翻找手提袋或公文包中的东西			
8. 经常用手挖鼻孔			
9. 与人交谈时挤眉弄眼			
10. 一边用手指蘸着唾沫，一边数钱			
11. 用完餐后，一直用牙签在嘴里剔来剔去			
12. 在电影院或火车上，把脚放在前排座位上			
13. 用手拨、摸自己的胡子			
14. 搔抓头皮			
15. 走路时把手插进裤袋			
16. 打响指			
17. 吃饭时嘴里发出声音			
18. 不择地方，倒头就睡			

二、评分标准和结果分析

选择“经常”计 2 分；选择“偶尔”计 1 分；选择“没有”不计分。分数相加，得出总分。

0 ～ 4 分：你较为注意自己的举止礼仪，这将使你在职场上赢得对方的尊重。

5 ～ 12 分：你平时有一些不文明的举止，应该及时改正，不然将影响你在职场上的形象。

13 ～ 36 分：你欠缺举止方面的礼仪，应下大力度改正，否则你的职场前途将受到影响。

沟通交际篇

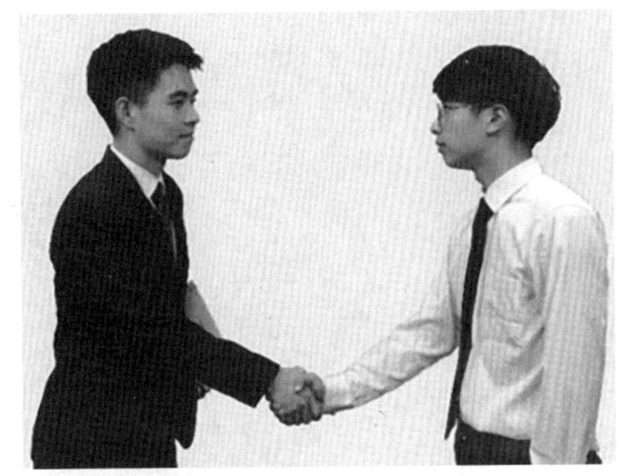

社交礼仪是社会文明的标志，得体的举止是个人素养的象征。因此高度重视社交礼仪已成为现代文明社会的公共课题。

在经济发展的今天，人才市场中，最有价值的技能是沟通技能（包括口头语言表达、倾听和书面表达能力）。在人际交往日趋频繁的时代，拥有高超的沟通交际能力就等于掌握了成功的金钥匙。

人生是一条河流，而良好的社交就是载你远航的船只。沟通交际能力是一种基本素质，是一门积淀了广泛社会经验和生活经验的学问，作用于每个人的生活细节之中。

学习目标

知识目标

1. 掌握日常人际交往中常用的称呼礼、介绍礼、握手礼、致意礼及鞠躬礼等见面礼仪，熟悉各种见面礼仪的适用场景；

2. 熟悉主动沟通的基本内容与技术，理解主动沟通的重要性，了解有效沟通的含义；

3. 熟悉接待拜访的基本礼仪规范。

能力目标

1. 能在商务及社交场合正确使用各种称谓；

2. 能在不同场合遵守相应的见面礼仪，得体地进行自我介绍和为他人介绍；

3. 能运用沟通的相关知识和原理，培养主动沟通意识，使自己的沟通更顺畅、更有效；

4. 能根据工作和社交需要进行得体的接待和拜访。

思政目标

有“礼”走遍天下，无“礼”寸步难行，应重视个人素养在人际交往中的重要作用。中华民族是礼仪之邦，注重礼尚往来，崇尚和谐，注重良好社会风尚的培养。

知识结构

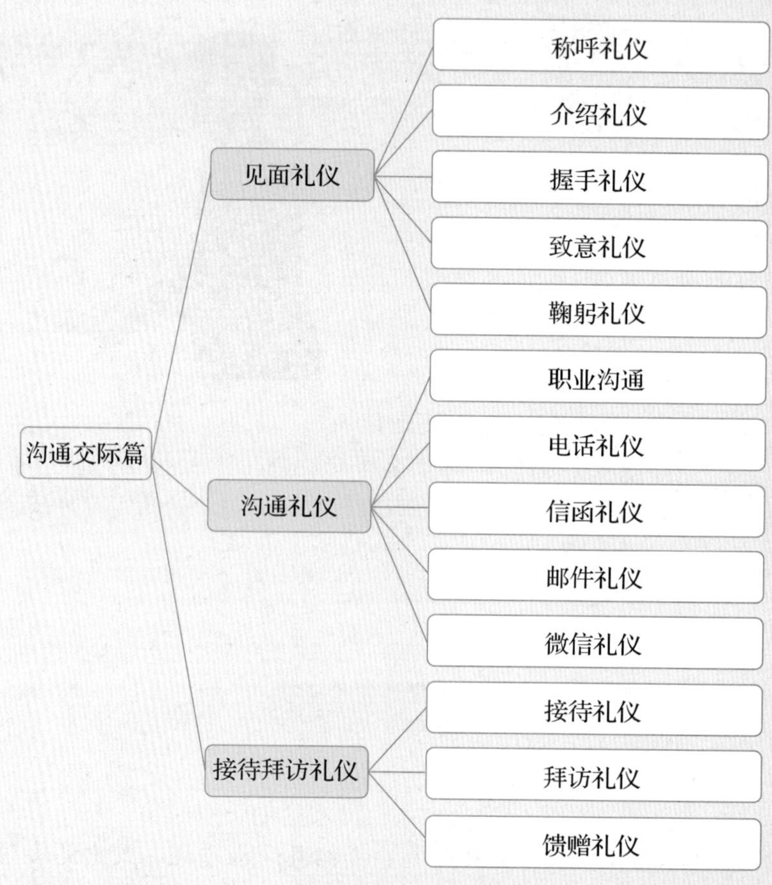

项目四

见面礼仪

案例

特朗普见英国女王三次失礼

2018 年 7 月 12 日，美国总统特朗普展开了访英之旅。在 13 日与英国女王伊丽莎白二世会面的过程中，这位美国总统被指 3 次违反英国王室的礼仪。

第一次，特朗普及其妻子的迟到导致 92 岁的英国女王在高温下等了 15 分钟。伊丽莎白二世更是看了几次手表，表情严肃。

第二次，在特朗普夫妇乘车终于抵达温莎城堡时，特朗普没有按照传统向女王鞠躬，而只是通过热情地握手来问候她。同样，第一夫人梅拉尼娅也选择了和女王握手，而不是行屈膝礼。

第三次，在和英国女王准备一起检阅仪仗队时，特朗普背对着伊丽莎白二世向前走，而女王似乎在向“搞不清楚状况”的美国总统指示方向。但随后，特朗普又突然停住了，女王被迫绕着他走了半圈。

分析：

英国是一个“绅士之国”，注重礼仪。在王室礼仪中，任何人都不应该背对着女王，或是走在她的前面。英国首相会见女王后都要倒退离开房间，甚至是女王的丈夫菲利普亲王，在公共场合也要让女王走在前面。特朗普访英肯定研究过会见女王的礼仪，而此次特朗普的失礼激起了英国人的愤怒。

一、称呼礼仪

称呼是人们在日常交往中，彼此之间所采用的称谓语。在人际交往中，选择正确、适当的称呼，不仅反映了自身的修养，也体现着双方关系的亲疏程度和社会风尚。

（一）职场中的称呼

1. 职务性称呼

这是一种最常见的称呼，有三种情况（见图 4－1）：

（1）仅称职务，如“总经理”。

（2）姓氏＋职务，如“张总经理”。

（3）姓名＋职务，适用于极正式的场合，如“张明远总经理”。

2. 职称性称呼

对于具有技术职称者，工作中可以其职称作为称呼，有三种情况（见图 4－2）：

（1）仅称职称，如“教授”。

（2）姓氏＋职称，如“方教授”。

（3）姓名＋职称，适用于极正式的场合，如“方玲教授”。

图 4－1

图 4－2

3. 学位性称呼

以学位作为称呼，具体有四种情况：

（1）仅称学位，如“博士”。

（2）姓氏＋学位，如“张博士”。

（3）姓名＋学位，如“张铭刚博士”。

（4）将学位具体化进行称呼，如“法学博士张铭刚”。

4. 行业性称呼

对于从事某些特定行业的人，可直接以行业或职业作为称呼；也可以在其行业或职业前加上姓氏或姓名。如“医生”“欧阳医生”“欧阳丽医生”。

（二）社交中的称呼

1. 一般性称呼

对于女性，无论婚否，均可称为“女士”，可在“女士”前冠以她的姓名。

当不清楚女性的婚姻情况时，一般称“女士”或“小姐”。注意：在称呼“小姐”时应加上姓氏。

对于成年男性，最普遍的称呼是“先生”。有时也冠以姓名或职称等。

2. 姓名性称呼

用于年龄、职务相仿的同事、好友、熟人之间。

3. 特殊性称呼

主要指在一些涉外社交和特殊环境中，遵循交往对象的国情、身份标识的称呼。

4. 敬称与谦称

称呼德高望重的年长者时，可在其姓氏后加“公”或“老”。称呼自己时，一般用谦词。

（三）生活中的称呼

1. 亲属性称呼

日常生活中，对亲属的称呼已约定俗成，人所共知。对辈分和年龄低于自己的亲属可直呼其名，或使用其爱称。

2. 亲近性称呼

对于邻居、熟人，可采用类似于亲属性称呼，使人感到亲切（见图 4－3）。

图 4－3

3. 使用称呼的忌讳

（1）不使用称呼，或直接呼“喂”“哎”。

（2）误读姓名，一般表现为念错被称呼者的姓或名。

（3）使用不规范的称呼，主要是指在正式的社交场合使用随意性、习惯性的称呼。

互动练习 1　这样的称呼问题出在哪？

背景：有一位先生为他的外国朋友定做生日蛋糕。他来到外国朋友入住的酒店的餐厅对服务员说：“小姐，您好，我要为一位外国朋友订一个生日蛋糕，同时写一张贺卡，您看可以吗？”服务员接过订单一看，问：“这位先生，请问这位外国朋友结婚没有？”“从来没有打听过，”他为难地抓了抓后脑勺，想了想说，“就称她‘太太’吧，都这把岁数了。”生日蛋糕做好后，服务员到酒店客房送生日蛋糕，敲门后一女子开门，服务员有礼貌地说：“请问您是怀特太太吗？”女子不高兴地说：“错了！”然后关上了门。服务员又确认了一下，房间号码没错，于是再敲一遍门：“没错，怀特太太，这是您的蛋糕！”屋内女子大声说：“告诉你错了，这里只有怀特小姐，没有怀特太太！”

互动提示：在这个案例中，这位先生在没有弄清朋友婚姻状态的前提下，选择了错误的称呼，造成外国朋友的强烈不满。

在人际交往中，错误称呼是一定要注意规避的。在西方，“女士”是对成年女性的统称，一般冠以她自己的姓名；“夫人”“太太”是称呼已婚女性，冠以她丈夫的姓，以及她自己的名；成年未婚的女子称“小姐”，冠以她的姓名；而对于不了解其婚姻状况的女性，可泛称“小姐”或“女士”。已婚的女性被称作“小姐”，会愉快地接受这一称呼，而未婚女性对被别人称作“太太”都会格外介意。

互动讨论：请以小组为单位讨论，这位先生的做法为何引得外国朋友不满，称呼他人时应避免哪些错误。

二、介绍礼仪

介绍是人与人之间相识的一种手段和沟通过程，介绍最重要的作用，就是缩短人与人之间的距离。正确的介绍可以使人相识，也可以通过介绍宣传和展示自我，显示良好的交际风度。

在交往中，相互介绍是在人们接触的最初几分钟进行的，决定着你在别人眼里的交际形象。在心理学中称为“首因效应”。

介绍分为自我介绍和为他人介绍。

（一）自我介绍

自我介绍是人际交往中常用的一种介绍方式。在社交或金融服务活动中，需要让其他人了解、认识自己，或欲结识某个人而又无人引见时，可以将自己介绍给对方（见图 4－4）。

图 4－4

自我介绍时应把握时机、控制时间、讲究态度、善用体态且内容真实。

自我介绍方式见表 4－1。自我介绍时，可同时递上名片。有时，自我介绍还可以通过直接使用介绍信和名片进行。

表 4－1　自我介绍方式

类型	适用场合	介绍的主要内容
应酬式	某些公共场合、一般社交场合	姓名
工作式	工作场合	姓名、单位及部门、职务或从事的具体工作
交流式	社交活动	姓名、工作、籍贯、学历、兴趣、与交往对方的某些熟人的关系
礼仪式	讲座、报告、演出、庆典、仪式	姓名、单位、职务，可加入适当的谦辞、敬语
问答式	应试、应聘	姓名、籍贯、年龄、毕业学校及专业、工作经历、特长爱好等

互动练习 2　自我介绍成关键

背景： 小王刚进公司时被安排在销售部工作，在他上班的第一天，领导部就派他前往丰达公司谈业务。由于小王刚从学校毕业，没有社会实践经验，跟对方负责人谈了半个小时，对方负责人连他姓什么都不知道，只好问："先生，冒昧地问一句，怎么称呼您？"小王这才恍然大悟："不好意思，刚才忘记介绍自己了，免贵姓王。"对方负责人心想这人肯定是新手，办事不牢靠，便说："对不起，我们现在不需要，以后需要的时候我们一定联系您。"

资料来源：徐美萍．现代礼仪．上海：上海大学出版社，2010.

互动提示： 第一次见面，双方互不相识的时候，首先应该礼貌地自我介绍，以便对方认识自己，也给对方一个自信、专业的第一印象。

互动讨论： 请以小组为单位讨论小王谈业务失败的原因。

（二）为他人介绍

为他人介绍，是作为第三方为彼此不相识的双方引见、介绍的一种介绍方式（见图 4－5）。

为他人介绍时，应适时介绍，避免误会。

被他人介绍时，应表现热情，正面面对，必要时应起立（会谈或宴会等不必起身，只微微欠身致意即可）。

图 4－5

1. 为他人介绍的原则

遵循“尊者先知情”的原则，尊者居后介绍。

2. 为他人介绍的顺序

（1）先将职位低者介绍给职位高者。

（2）先将男士介绍给女士。

（3）先将年轻者介绍给年长者。

（4）先将主人介绍给客人。

（5）先将未婚者介绍给已婚者。

（6）先将家庭成员介绍给非家庭成员。

（7）先将同事介绍给客户。

3. 集体介绍顺序

集体介绍是为他人介绍的一种特殊形式。被介绍者一方或双方不止一人。原则上应参照为他人介绍的顺序进行，但也有以下特殊之处：

（1）被介绍双方地位、身份大致相似时：先介绍人数较少的一方或个人。

（2）被介绍双方地位、身份之间存在明显差异时：先介绍位卑者，后介绍位尊者。

（3）被介绍双方均人数较多时：先介绍位卑的一方，后介绍位尊的一方；先介绍主方，后介绍客方。介绍各方人员时，应由尊到卑，依次介绍。

（4）被介绍者为多方时：应确定各方的尊卑，由尊到卑，按顺序介绍各方。介绍各方成员时，也应按由尊到卑顺序进行介绍。

（三）名片礼仪

名片，在人际交往中起着重要的桥梁作用，具有自我介绍、业务推广、信息储存、简短留言等多种功能（见图 4－6）。

图 4－6

名片可分为应酬名片、社交名片、公务名片和单位名片。

名片记载着个人和组织的重要信息，是一个人身份的外显。在递送、接受名片时应遵循礼仪规范。

1. 递送名片的时机

（1）初次登门拜访时；

（2）自我介绍或被介绍给对方时；

（3）对方提议交换名片时；

（4）对方向自己索要名片时；

（5）想获得对方的名片时；

（6）通知对方自己的变更情况时。

2. 递送名片的顺序

（1）地位低者先向地位高者递送名片；

（2）年轻人先向长者递送名片；

（3）男士先向女士递送名片；

（4）客人先向主人递送名片；

（5）若同时与多人交换名片，递送的次序是由尊到卑或由近到远。

3. 递送名片的礼仪

呈递名片给他人时，双手递上名片（见图 4－7）。国际场合单手递送名片时应用右手。

递送名片时，大拇指和食指捏住名片上端，文字正面正对对方，面带微笑，并用诚挚的语调说道："这是我的名片，请多关照。"

4. 接受名片的礼仪

当他人递送名片时，应起身站立，面带微笑，目视对方。接受名片时，宜双手捧接，或以右手接过。接过名片后，说声"谢谢"，并认真阅读内容，以示尊重（见图 4－8）。

图 4－7

图 4－8

看完名片后要郑重地将其放入名片夹，然后将名片夹放进上衣口袋或手提包里。

小贴士

递送名片禁忌

1. 忌没准备好。
2. 忌厚此薄彼。
3. 忌滥发名片。
4. 忌名片背面朝着对方递送。
5. 忌给同一个人重复递送，名片内容有更改时除外。

在日常交往中，小小的名片，是人脉管理的重要资源。使用好自己的名片，让自己的名片受到重视；管理好朋友、客户的名片，让你的人脉得到扩展，使你的事业更加亨通兴旺。

互动练习 3　A 公司的生意为何告吹了?

背景：某公司新建的办公大楼需要添置一系列办公家具，价值数百万元。公司总经理决定向 A 公司购买这批办公用具。这天，A 公司的销售部负责人打电话，要上门拜访这位总经理，总经理打算等对方来了就在订单上盖章，定下这笔生意。不料对方比预定的时间提前了两小时到达公司，原来对方听说这家公司的员工宿舍也要在近期内落成，希望员工宿舍需要的家具也能向 A 公司购买。于是销售部负责人带来一大堆资料摆满了接待室的桌面。总经理没料到对方会提前到访，刚好手边又有事儿，便请秘书让对方等一会儿。这位销售部负责人等了不到半小时就开始不耐烦了，一边收拾资料一边说："我还是改天再来拜访吧。"这时，总经理发现对方在收拾资料时，将自己刚才递上的名片掉在了地上，却并没发觉，走时还无意中从名片上踩了过去。这个失误令总经理改变了初衷。A 公司不仅没有机会商谈员工宿舍的家具购买事宜，连几乎到手的数百万元的办公大楼办公家具的生意也告吹了。

互动提示：接过他人的名片看过之后，应将其放入自己的名片夹或上衣口袋内，切勿放在其他地方。A 公司的这位销售部负责人随意存放他人名片，名片掉在地上而浑然不知，这是对对方的不尊重；贸然提前到达，而且在等待的过程中又显得很不耐烦，这也让对方心生反感。

互动讨论：以小组为单位讨论 A 公司的生意为何告吹了。

三、握手礼仪

微课视频 4
握手礼

握手是表示致意、亲近、友好、寒暄、道别、祝贺、感谢、慰问的礼节。

（一）正确的握手方法

在介绍之后，互致问候的同时，双方各自伸出右手，保持一步左右的距离，手掌略向前下方伸直，拇指与手掌分开并前指，其余四指自然并拢并微向内曲，两人的掌心都向着自己的左方，用手掌和五指与对方相握。伸手的动作要稳重、大方，态度要亲切、自然。右手与人相握时，左手应贴着大腿外侧自然下垂，以示用心专一（见图 4－9、图 4－10）。

一般要站着握手，老弱残疾者可以坐着握手。握手时间的长短可因人、因地、因情而异，时间太长使人局促不安，时间太短又显得不够热情。初次见面时握手时间以 3 秒左右为宜。

图 4－9

图 4－10

（二）握手的顺序

（1）长辈与晚辈握手时，应是长辈先伸手，晚辈先问候。

（2）上级与下级握手时，待上级伸手后，下级才能伸手相握。

（3）平辈的朋友握手时，先出手为敬。

（4）男士与女士握手时，女士伸手后，男士才能伸手相握，如女士无握手之意，男士可点头或鞠躬致意；倘若男士已是祖辈年龄，男士先伸手也是适宜的。

（5）接待外宾握手时，主人有向客人先伸手的义务。无论客人是男是女，主人都应先伸手以示欢迎。

（6）社交和商务场合握手时，如对方未按先后顺序惯例已经伸出手，应毫不迟疑地立即回握。拒绝他人的握手是不礼貌的。

（7）同许多人握手时，应当先同性后异性、先长辈后晚辈、先职位高者后职位低者、先已婚者后未婚者。

（8）在多人相聚的场合，不宜只与某一人长时间握手，握手力量要适度。

互动练习 4　王先生的行为是否合乎礼仪？

背景：王先生遇见一位他很敬重的学者，这位学者正和其他人谈话。王先生想，在这么多人面前，自己应该更加表现出对学者的尊重，于是在握手时，他用左手盖在对方的手背上，并长时间握着学者的手不放，寒暄了好几分钟。

互动提示：将左手盖在对方手背上，属于拥抱式握手，主要用于特别亲密的老朋友之间。这位学者作为王先生很敬重的人，这样握手过于亲热；握手的时间一般以 2 ～ 3 秒为宜，不宜时间过长，特别是这位学者还在和其他人谈话。

互动讨论：以小组为单位讨论王先生行为是否合乎礼仪并说明理由。

互动练习 5　尴尬的李先生

背景：在一次订货会上，哈尔滨某贸易公司的李先生，被朋友介绍给河南某公司王小姐相识。当时朋友介绍说“这位是李先生”“这位是王小姐”。李先生赶紧把手伸向对方，但是没想到王小姐就是不伸手，假装没看见。结果李先生悬在半空中的手收不回来了，停了半天，假装打了一下蚊子，挺尴尬。

资料来源：闫秀荣 . 现代社交礼仪 . 北京：人民邮电出版社，2011.

互动提示：一般社交场合，握手时应由女士先伸手，男士再伸手相握。如果对方忽略了握手礼仪的先后顺序已经伸出了手，应不迟疑地响应。

互动讨论：以小组为单位讨论李先生哪里做错了，王小姐的做法是否合适。

四、致意礼仪

致意通常用于相识的人招呼示意，以表问候。常用的致意方式有以下几种。

（一）起立致意

常用于重要来宾到场或离场时的致敬。学生在老师授课前后，下级、晚辈在上级、长辈进出时，服务工作人员在宾客进门或离开时，应起立致敬。

（二）举手致意

适用于距离较远时的致敬。不出声，抬右臂，掌心向对方，四指并拢，轻轻向左右摆动一两下（见图 4－11）。

（三）点头致意

适用于不宜交谈场合的致敬。头微微向下一动，幅度不必太大。

（四）微笑致意

适用于不便交谈时的致敬。目视对方，微微一笑，表达尊重、友善与问候。

（五）欠身致意

适用于不便起立时致敬。上体微向前一躬，以示恭敬（见图 4－12）。

图 4－11

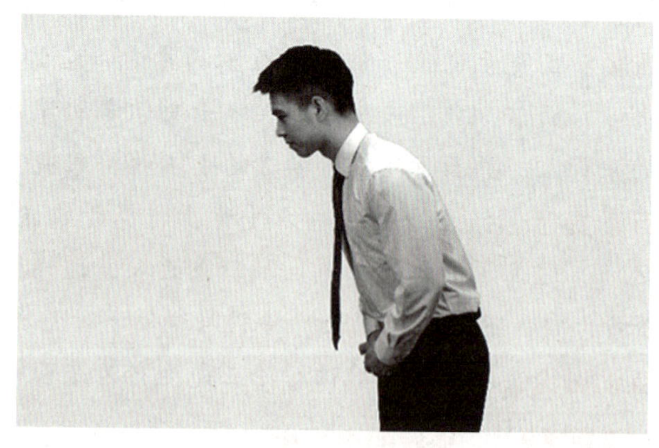

图 4－12

（六）脱帽致意

见面时若戴的是有檐帽，应一只手脱下帽子，拿到约与肩平行的位置或胸前，微笑问好。若迎面而过，可轻掀帽子。若戴的是无檐帽，则不必脱帽。

致意时往往同时使用两种方式，如点头与微笑并用、起立与微笑并用。遇到对方向自己致意，应以同样的方式向对方致意。

五、鞠躬礼仪

鞠躬适用于商务、社交等场合，使用较为广泛，是表示对他人恭敬的一种礼节（见图 4－13）。一般由地位、职务、年龄较低的或提供服务的一方先行礼。

图 4－13

思政园地

最纯真的鞠躬，最深情的还礼

——一个世纪后经典重现

左图中的小男孩因发烧被送至绍兴中心医院，因处于2020年新冠疫情特殊时期，医院对陪护人员进行限制。起初小男孩因陌生的医疗环境，紧张又害怕，哭闹不止。但在三病区医护人员的耐心安抚下，小男孩配合治疗并病愈出院。该院三病区护士长刚打算挥手告别时，小男孩突然向日夜精心照顾他的护士长鞠躬，护士长也顺势回礼鞠躬。右图是时任杭州广济医院（现浙江大学医学院附属第二医院）院长的梅藤根先生查房时，面对小患者的鞠躬致谢顺势回礼的场景。

这两张照片跨越一个世纪，似乎是穿越时空，同样的场景，同样的感动，同样的姿势，体现着什么？令人深思。鞠躬背后的故事是医者与患者之间的尊重与关爱的代代相传。医者大爱，孩子向医者鞠躬背后是一份教养，是从小礼仪素养的培养。鞠躬是一种正确表现尊重他人的礼仪行为，体现的是尊重和大爱！

（一）鞠躬的基本要求

（1）鞠躬时须脱帽。

（2）双腿立正，保持身体端正，目光注视受礼者，距受礼者 2 ～ 3 步。

（3）以臀部为轴心，上身挺直向前倾斜，目光随着身体的倾斜向下，以示谦恭。

（4）双手放在身体两侧或在体前相握。

（5）面带微笑，同时问候“您好”“谢谢”等。

（6）鞠躬完结，恢复站姿，目光再回到对方脸上。

（二）鞠躬的种类

鞠躬礼可分为 90 度鞠躬礼、30 ～ 45 度鞠躬礼、15 度鞠躬礼等。

（1）90 度鞠躬礼一般用于感谢、谢恩或悔过、谢罪等特殊情况，属最高礼节（见图 4－14）。

（2）30 ～ 45 度鞠躬礼通常是下级向上级、学生向老师、晚辈向长辈、服务人员向来宾表示致意（见图 4－15、图 4－16）。

图 4－14

图 4－15

图 4－16

（3）15 度鞠躬礼用于一般的应酬，如问候、介绍、握手、递物、让座、让路等（见图 4－17、图 4－18）。

图 4－17

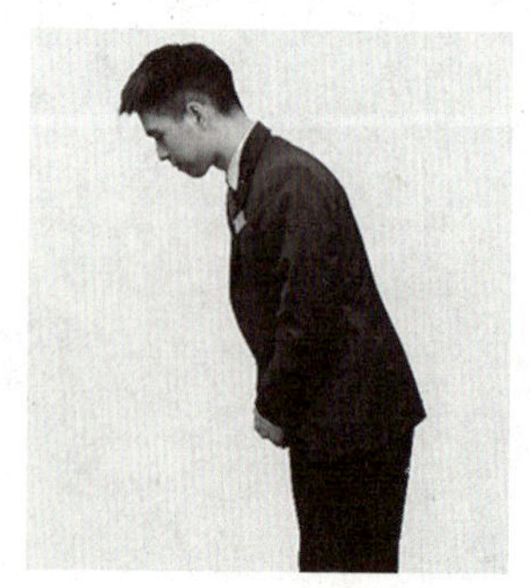

图 4－18

自我评估

评估一　称呼礼仪自我评估

一、情景描述

根据平时在工作中的称呼，对自己做一个称呼礼仪评估。

1. 你的同事喜欢你对他的称呼吗？

A. 喜欢　　B. 不喜欢　　C. 一般　　D. 不知道

2. 你的上司喜欢你对他的称呼吗？

A. 喜欢　　B. 不喜欢　　C. 一般　　D. 不知道

3. 你的同事不喜欢你对他的称呼的原因是什么？

4. 你的上司不喜欢你对他的称呼的原因是什么？

5. 你的同事喜欢你对他的称呼的原因是什么？

6. 你的上司喜欢你对他的称呼的原因是什么？

二、评估标准和结果分析

本次评估的重点，在于分析你的同事和上司喜欢或不喜欢你对他们的称呼的原因。通过本次评估，你将更好地掌握职场中的称呼礼仪，以便更好地融入一个团队。

评估二　握手礼仪认知测评

一、情景描述

下面给出一些握手礼仪的观点，哪些符合你的看法？

1. 握手时，距对方约 70 厘米，上身稍向前倾，两足立正，伸出右手，四指并拢，虎口相交，拇指张开向下，向受礼者握手。

2. 长辈和晚辈之间，长辈伸手后，晚辈才能伸手相握；上下级之间，上级伸手后，下级才能相握。

3. 遇到较长时间没见面的熟人、在比较正式的场合和认识的人道别、在本人作为东道主的社交场合，迎接或送别来访者时可以握手。

4. 握手时表情热烈，简短寒暄，不点头哈腰，不过分客套。

5. 握手时仅握住对方的手指尖，显得有意与对方保持距离。正确的做法是要握住整个手掌，即使对异性也要这么做。

6. 不拒绝和别人握手。如果有手疾或汗湿，或手弄脏了，要和对方说“对不起，我的手现在不方便”。

二、评估标准与结果分析

以上是正确和约定俗成的握手礼仪，请仔细对照检查这些规范与你平时在社交场合的习惯行为是否一致。

项目五 沟通礼仪

在职场工作中，人与人之间的沟通如处理不当，就会平添许多不便和障碍。而沟通礼仪不仅仅是笑容可掬那么简单，还需讲究沟通的艺术和技巧。懂得合理使用沟通技巧，提高沟通的有效性，将有助于在职场更好地发展。

一、职业沟通

职业沟通泛指在职场中，人与人之间使用语言、文字或其他方式，交流信息和思想，表达情感，以达成职业活动的双向互动过程。有效的职业沟通已成为职场人士所必需的基本能力。拥有了沟通能力，就等于掌握了职业成功的钥匙。

一个人每天花在听说读写的沟通活动中的时间占 60% ～ 80%。有关问卷调查结果表明，85% 的人认为在当今的人才招聘中，最有价值的技能是沟通技能，其中包括语言表达、倾听和书面表达能力等。良好的沟通，对于任何企业和组织都十分重要。因为有 70% 以上的问题源于沟通不畅。因此，有效的职业沟通，既是企业利润的源泉，也是职场人士获得成功的核心能力。

在职场中，有的人与他人相处融洽和谐，各种人际关系处理得游刃有余，合作愉快；而有的人到处碰壁、受挫，甚至被辞退。有关调查表明，超过 85% 的人被解聘是由于他们的人际关系处理不当和沟通能力欠缺，而由于知识和技能不称职被解聘的不到 15%。

小贴士

有效沟通的基本步骤

第一，事先准备，其中最重要的是要有一个目标。只有双方有共同的目标，沟通才能成功。

第二，确认需求。通过倾听确定对方的需求是什么。

第三，阐述观点。不要直接表达观点，可以先说明其带来的好处，最后引出你的观点。

第四，处理疑义。若遇到疑义，可利用对方观点中对自己有利的部分说服对方。双方达成一致，就是沟通成功。

（一）有效倾听与主动反馈

如果说一个人会说话是一种能力，那么会倾听则是一种修养。哲学家苏格拉底说过："自然赋予人类一张嘴、两只耳朵，就是要我们多听少说。"在人际沟通中，倾听是沟通的基础。

俗话说，"说三分，听七分""会说的，不如会听的"。如果能全神贯注地聆听他人倾诉，并善解人意，那就能赢得对方的好感和信任。倾听是理解和尊重，也是包容和接纳，既分担痛苦也分享快乐，是一种与人为善的谦虚姿态，也体现着海纳百川的广阔胸怀。而反馈则是倾听的深入与补充，是有效沟通必不可少的重要环节。通过反馈将沟通引向深入，从而最大限度地达到沟通的目标。成功的社交者，首先应该是一个优秀的听众。

有效倾听的技巧分为三个层次：听清、听记、听辨。集中注意力，听清对方表达的是什么；只听不记或前听后忘，那就失去了"听"的意义；辨析说话者语音、内容、观念、意图等，适时做出正确反应。听的最终目的就是要听懂，辨析、理解内容的内涵和外延。可以从环境及说话者的语气、语调、语速、重音、停顿、目光、手势、体态等多方面真正领悟其真实的意思，做出正确的回应。

（二）培养主动沟通意识

主动沟通是与他人建立良好人际关系的重要手段。主动沟通使彼此的距离缩小，让别人了解自己、知晓自己，使自己获得更多的机会。

主动沟通意识体现在学会与陌生人交往，常交友；对朋友真诚，常联络；对领导尊重，常请教；对家人关爱，常交流。

培养主动沟通意识的技巧包括：具有沟通主体意识，建立以沟通为主体的思维方式，形成以沟通为主体的思维习惯。

培养主动沟通意识，关键是行动上的持之以恒，同时还应该具有积极的心态，善于发现他人的闪光点。

（三）"沟通的漏斗"现象

一个人通常只能说出心中所想的80%，别人接收到的有效信息只有60%，而能听懂的部分只有40%，能执行的就只剩下了20%。这种现象就称为"沟通的漏斗"（见图5－1）。

在我们的工作和生活中，这种漏斗现象具有普遍性。

任何沟通都是信息与情感的传递。作为信息的传递者，首先把信息加以组织，然后通过相应的通道传递给接收者。由于传递者与接收者之间在知识水平、态度行为、环境因素、兴趣需要、年龄性别、对沟通的认识程度、沟通方式、沟通目标、文化背景、身份地位等不尽相同，就会存在沟通的障碍，漏斗理论便很好地解释了这一切。

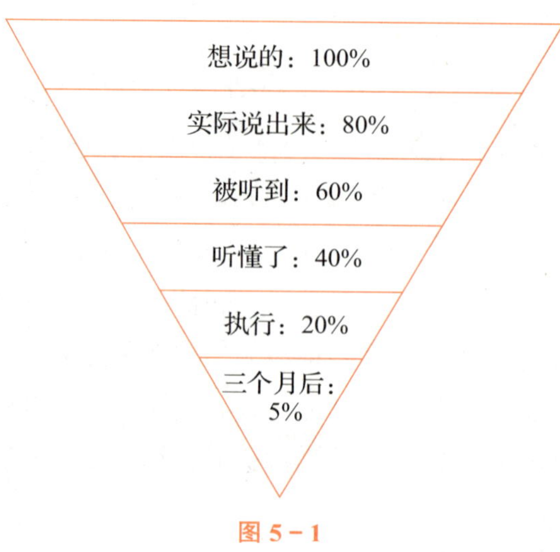

图 5－1

分析造成这几个 20% 损失的原因，可能是：

第一个 20%，是因为信息传递者说得没有重点或没有条理；

第二个 20%，是因沟通中有干扰或者没有进行记录；

第三个 20%，是因为信息接收者没有听懂；

第四个 20%，缺少方法与技巧，或缺少监督。

通过分析，为了提高沟通效率，我们在整个沟通过程中应该做到：

（1）要进行沟通前的准备，明确重点，分层叙述；

（2）要避免干扰，进行记录；

（3）沟通中要反复地确认；

（4）沟通要讲究技巧与方法，并加强监督。

互动练习 1　游戏：闯雷

背景：按照游戏规则玩闯雷游戏。

游戏规则：

1. 全体学员分为两组，各组分别选出两位学员，一位担任闯雷者，一位担任指挥者。

2. 闯雷者需全程蒙眼，指挥者凭语言指挥闯雷者闯地雷阵。

3. 地面上红色线框内是活动区域，游戏在红线内进行。

4. 闯雷者只能踩在中间白色的纸上前行，其余活动区域为雷区。每组只有一次机会。

5. 两组同时进行，最后以闯雷区踩白纸最多最接近终点者为胜。

互动提示：指挥者与闯雷者之间需要有效沟通。作为传递信息的指挥者，应把信息加以组织，通过合适的通道传递给闯雷者。但由于指挥者和闯雷者对沟通的认识、沟通方式、沟通目标等不同，就会存在沟通的障碍，哪组有效沟通的知识运用得更好，哪组就会走得更远、闯雷更多。

互动讨论：

1. 游戏过程中遇到哪些问题？指挥者能够清晰指挥吗？

2. 结合本节所学的内容，对有效沟通的规律加以思考，讨论通过闯雷的游戏得到了什么启示。

小贴士

与人沟通的十五个小技巧

1. 面带笑容，语态温和。
2. 言谈举止有礼貌。
3. 找到共同话题
4. 同一个话题不要讲太久。
5. 不谈论别人的伤心事。
6. 说话不带脏字。
7. 勇敢承认错误。
8. 事先亮出自己的想法。
9. 不带着情绪沟通。
10. 直截了当，开门见山。
11. 懂得服软。
12. 学会恭维别人。
13. 充满自信。
14. 有耐心，懂得运用智慧。
15. 知己知彼，百战不殆。

（四）有效沟通

有效沟通，是为了一个设定的目标，将信息、思想和情感在个体或群体间传递，并且使双方或者多方达成一致的过程。为了使沟通更有质量，我们要学会和不同风格的人进行交流，掌握沟通技巧。

案例

如何与客户沟通？

伟森先生从事服装设计，他把设计的服装草图卖给服装设计师或成衣厂商。三年来，他每星期都去拜访纽约的一位著名服装设计师，这个设计师也从不拒绝见他，但从没有买过他的东西，每次都仔细地看他带去的草图，然后很遗憾地说“对不起”。

多次的失败让伟森陷入了深深的沉思。他认为应该是自己的沟通方式出了问题，因为三年来，他居然不知道这位著名的服装设计师想要的服装样式是什么样子的。

于是，他重整旗鼓，带来几张没有完成的草图去见这位设计师。

“想请您帮个小忙，这里有几张没有完成的草图，您是否愿意帮助我完成，以使其符合你的要求？”

设计师看了看草图，说：“你把草图放在这里，过几天后来找我。”

三天后，伟森去见设计师，听了他的意见，把草图带回去按照设计师的意见完成。结果，设计师买下了这些设计样式。

“我一直希望他买我设计的东西，这是不对的。”伟森后来总结说，“他提供了意见，他就是设计人，是他买了自己设计的东西。”

从案例中不难看出，无论是与客户沟通，还是与同事沟通，一定要认真倾听。弄清楚对方的需求，才能达到自己的目的，双方也才能实现真正的有效沟通。

沟通黄金定律：不要用自己喜欢的方式去对待别人，而要用别人喜欢的方式对待对方。

（五）提高自信心的训练是提升沟通能力的途径

自信是有效沟通的基础。自信能够使我们按照最佳的方式行使自己的权利，从容地表达自己的感受。自信就是在正确认识自己的基础上，知道自己的优缺点，并能愉快地接受和接纳，认可自己的能力和才干，是一种积极健康的心理品质。可以通过确定目标法、自我暗示法、想象成功法、预先确定法、模仿榜样法等多种方法来培养和加强自己的自信，提升自身的沟通能力。

小贴士

与同事沟通的技巧

1. 沟通的语言应以不伤害他人为原则。用鼓励的语言，不用斥责的语言。灵活表达观点，尤其是在意见相左的时候。

2. 让赞美成为习惯。关注同事的进步和微小变化，适当赞美，只有这样别人才愿与你交往。

3. 少蹭多让。不与同事争荣誉，不做伤害人的事，互相帮助，体现大度，增添人格魅力。

4. 同事之间常联系。在同事交往中可能会有相处得好的，则形成了自己的交际圈。但不要忽略圈外的同事。

与上级沟通的技巧

1. 了解上级的个性与工作作风，学会调整自己的态度，适应上级；了解上级的需求，根据上级的不同需求，制定相应的策略；了解上级的好恶，避免不必要的麻烦。

2. 树立与上级主动沟通的意识，多沟通、勤汇报。经常与上级沟通，有助于建立与上级的融洽关系。

3. 怎样向上级提意见？不要否定和批驳上级的意见，不擅权越位；灵活变通，让自己的想法被上级接受；必要时要对上级说“不”。

（六）“三明治法则”

“三明治法则”也称“汉堡包沟通术”，是指与人沟通时，先表扬别人（正面反馈），然后指出需要改进的地方（负面反馈），最后再加上溢美之词。强调先表扬特定的成就，给予真心的肯定，然后提出需要改进的特定的行为表现，最后以肯定和支持结束。这种方法就是一开始给对方一颗蜜枣，让他放松，然后指出不足，最后再加上溢美之词，化解批评时产生的尴尬。

把批评的内容夹在两个表扬之中，从而使受批评者愉快地接受批评。这种情况就如三明治，第一层是认同、赏识、肯定、关爱对方的优点或积极面，中间这一层夹着建议、批评或不同观点，第三层是鼓励、希望、信任、支持和帮助，使之回味无穷。因此这种批评法不仅不会挫伤受批评者的自尊心和积极性，而且还会令其积极地接受批评，并改正自己的不足之处。

案例

松下幸之助的沟通之道

后藤是松下电器的一名员工。有一次，因为一个小的错误，他惹恼了公司创始人松下幸之助。当他进入松下的办公室时，松下气急败坏地拿起一只火钳死命地往桌子上拍击，然后对他大发雷霆。后藤被骂得狗血喷头，正欲悻悻离去，忽然听见松下说道："等等，刚才因为我太生气了，不小心将这火钳弄弯了，麻烦你费点力帮我弄直好吗？"

后藤无奈，只好拿起火钳拼命地敲打，而他的心情也随着这敲打声逐渐归于平静。当他把敲直的火钳交给松下时，松下看了看说道："比原来的还好，你真不错！"然后高兴地笑了。

责骂之后，用题外话来称赞对方，这就是松下的高明之处。后藤走后，松下悄悄地给后藤的妻子拨通了电话，对她说："今天你先生回家时，脸色一定很难看。请你好好照顾他。"本来后藤在挨了松下的一顿臭骂之后，决定辞职不干了，但松下的做法反而使他佩服得五体投地，决心继续效忠于他，而且要干得更好。

小贴士

职场沟通禁忌

应该与同事沟通的，却与上司沟通，这叫告黑状。小的事情双方沟通就可以，不用告黑状。

应该与自己上司沟通的，却与其他部门上司沟通，这样对内沟通就变成了对外沟通。

互动练习 2 | 沟通能力大比拼

背景： 将所有参与者进行分组，每组 3 人，分别为描述者、传达者和执行者。由描述者将其看到的几何图形（事先准备好的，其他 2 人不能看）在 1 分钟内描述给传达者，在这 1 分钟内 2 人可以沟通。传达者在 1 分钟内将信息传达给执行者，2 人同样可以进行沟通。最后由执行者在 2 分钟内画出该图形。

互动提示： 采用沟通技巧完成任务。

互动练习： 按上述规则进行沟通能力大比拼，看看哪一组做得最好。

二、电话礼仪

当今社会是一个信息化的社会。对职场人士而言，信息就是资源，信息就是财富，信息就是生命。随着经济社会的发展，各种现代化通信手段和工具层出不穷，为职场人士获得、传递和利用信息提供了更多的选择和便捷。

在日常生活当中，目前使用较为普遍的职场通信手段主要有电话、电子邮件以及属于社交软件的微信等。通信礼仪是指在利用上述各种通信手段、工具时所应遵循的礼仪规范。

在所有的电子通信手段中，电话出现最早，使用较为广泛，与日常的会话及书信联络等相比，电话具有及时、经常、便捷、双向等突出的特点。因此电话礼仪是职场人士掌握的重点。电话不仅是一种传递信息、获得信息、保持联络的工具，也是职场人士个人形象的一个载体，在接打电话过程中会给他人留下深刻的印象，也即“电话形象”，真实地体现着个人的素质、待人接物的态度，体现了通话者所在单位的整体职业水准。故职场人士应特别重视和注意自己的“电话形象”。

使用电话通信，可分为主动拨打电话与被动接听电话。就电话礼仪而言，拨打电话与接听电话各有礼仪规范。

（一）拨打电话

1. 拨打电话前应该考虑的问题

（1）这个电话该不该打？

在打电话之前，首先确定是否有必要使用电话，毫无意义的、没话找话的电话最好不打。不应在单位打私人电话，也不要在公共场所目中无人地“煲电话粥”。

（2）这个电话的内容应当如何准备？

电话常被称为无形造访的“不速之客”，可能会打扰他人的正常工作或生活。因此，一般每次打电话的时间最好不要超过三分钟，被称作“通话三分钟原则”，被职场人士所广泛遵守。因此，打电话前首先要理清思路，预备好提纲，再拨打他人电话。若拨打电话时对方正忙，也不应强人所难，可另约时间再联系。

（3）这个电话应当何时打？

选择合适的时间打电话反映了一个人的素养和礼仪，在不合适的时间打电话就会较易受排斥。因此在选择打电话的时候要注意以下几个方面：

1）避开一天中禁止打电话的时间，不要在他人休息时间内打电话。上午 7 点之前、晚上 10 点之后、午休和用餐时间都不宜打电话。

2）掌握一周内打电话的时间规律。

3）考虑对方所在地区的时差和工作时间的差异。打电话前先搞清时差及各国各地的工作时间差异。尽量不在休息日打电话谈公务、生意。即便客户已经将家中的电话号码告知于你，也尽量不要往他人家中打电话。

4）打公务电话，不要占用他人的私人时间，尤其是节假日时间。非公务电话应避免在对方的通话高峰和业务繁忙时段拨打。

小贴士

什么时间适宜打电话？

8:00—10:00，大多数人都在紧张地完成当天的工作。这个时间应处理自己的工作，而不是贸然地给别人打电话。

10:00—10:30，此时可根据事情的轻重缓急分批次地拨打电话。

14:00—15:00，不宜打电话，尤其是夏天。

15:00—下班前15分钟，如果是为了取得联系、邮寄资料等目的，可以打简短的电话，否则就不要打。

2. 拨打电话前的准备工作

在打电话叙述重要内容之前，应用笔纸先列出提纲。在给对方拨打电话之前应做好以下准备工作：

（1）资料准备。电话机旁备好电话记录簿、记录笔、电话号码本以及常用的电话号码表。

（2）核实信息。准确核查对方的电话号码、联系地址、姓名等。

（3）明确目的。拨号前应明确为什么打电话，记清有关时间、地点、缘由、事情和结果等。

（4）注意保密。在一般电话里不要涉及保密事项。

（5）打好草稿。对于内容重要、数据复杂、时间约定严格的电话，须先打好草稿，经核对无误后方可拨打。

（6）思虑周全。在某些特殊情况下，拨打电话前还必须做好一些思想上的准备，假如要找的人不在或对方电话号码变更，或与对方曾有误解、发生过争执，或讨论敏感问题等，应避免由于受情绪影响而可能造成的通话障碍。

（7）用普通话。通话时使用普通话，方便交流，也体现自己的素质。

（8）配备录音设备。配备电话录音设备，方便将重要的电话内容及时录下，以作凭证时使用。

3. 拨打电话的礼仪

电话接通后，对熟悉的人简单问候后即谈主题；而对不相识的人应先言明自己的身份、目的后再谈正题。

拨打电话中应表达全面、简明扼要；使用“您好”“请”“谢谢”“对不起”等礼貌用语；谈论机密或敏感话题时，应先询问对方此时接听是否方便；谈话中如自己有紧急事情确需处理，应礼貌告知对方，并致歉，另约时间以便履行诺言；如想要找的人不在，应委托他人，简要说明缘由，主动留言，留下自己的联系方式和姓名，同时记住委托人的姓名，并不忘致谢。

通话时，声音应清晰而柔和，吐字准确，句子简短，语速适中，语气亲切自然。打电话时最好左手握话筒，讲话时嘴部与话筒之间应保持3厘米左右距离。语言应礼貌而谦恭。

如果电话是由总机转接或对方的秘书代接，应使用“您好”“劳驾”“请”之类的礼貌用语。如对方不是自己要找的人，要找的人又不在，可请代接电话者帮忙叫一下。通话时，如电话中途中断，应再拨打一次，并稍做解释。一旦自己拨错了电话，切记要对无端被打扰的对方致歉，说“对不起”，不能直接把电话挂断。当通话结束时，别忘了向对方道别，说“再见”。

（二）接听电话

1. 接听电话礼仪

接听电话应及时，铃响三声内接起，先问好。如接电话稍迟，应先致歉，说“让您久等了”。接外线电话应报单位名称，接听转来的电话，应报部门名称及自己的姓名。

通话中，避免有厌烦的神情和语调，应仔细倾听对方的讲话，一般不要在对方话没有讲完时打断对方，如实在需要打断时，应说“对不起，不好意思打断一下”。通话时如有他人过来，不得“目中无人”，应点头致意，如果需要与来人讲话，应对通电话的对方讲“请您稍等”，然后捂住话筒，与来人小声交谈。

通话后，应在对方挂断后再轻放话筒；留言或转告要立即执行，将来电所托事项填写在电话留言本或便条上，以口头形式传达或以便条形式传递。

电话接听技巧：

（1）接听电话三大禁忌：让对方久候、问题重复、谈话不得要领；

（2）上司如果不愿接电话，应设法圆场，不让对方感到难堪和不安；

（3）对于自己不了解的人或事，不能轻易表态，尤其是不能轻易否定，应具备不拒绝任何可能机会的意识。

2. 转接电话礼仪

需转接电话时，若确认同事在办公室，应说“请您稍等”；若同事不在，一定要询问对方是否需要留言或回电，做好详细的电话记录，同事回来后立即转告并督促其回电。不要随便将同事的手机号码告诉他人。谈话结束时要表示感谢，并让对方先挂断电话，不要忘了说“再见”。

若对方要找的人不在，应主动询问对方是否希望留言或转告，电话机旁应备有纸和笔，可供随时记录。按5W1H（Who、When、Where、Why、What、How）询问并记录。复述内容务必准确全面，尤其是人名、地名、电话、邮箱、日期与数字等。

（三）手机使用礼仪

目前智能手机的功能越来越丰富多样，成为人们沟通的主要工具。职场人士应注重手机使用的礼仪规范，尊重他人，避免产生误会。

使用手机应注意以下礼仪：

（1）不要在剧院或医院的特定科室使用手机，以免影响他人观看演出和干扰医院的设备；

（2）禁止在加油站使用手机；

（3）不使用手机时应锁屏，以防意外拨打电话号码；

（4）手机音量大小应适宜，双方能听到即可，不宜旁若无人地大声通话；

（5）作为专业的职场人士不宜设置怪异的手机铃声；

（6）信号不良时可改换通话的位置或改用其他通信方式；

（7）不在驾驶汽车时拨打或接听手机。

三、信函礼仪

当今，电话、网络发展迅猛，普及性较高，但书信在表达情感、体现个性、便于珍藏等方面仍具有不可替代的特殊意义。要写成一封让人阅读愉快的书信，一定要讲究书信的礼仪。

书信通常分为一般书信和专用书信。两类书信的格式基本相同，只是在用途上有所差异。

（一）一般书信

一般书信包括信封和信瓤两部分，各有一定的格式要求。

1. 信封

使用规范信封，不能用铅笔或红色墨水笔书写。旧时用的是竖式信封，写法从右往左，右上方写收件人地址，左下方写寄件人地址。这种信封现已不多见，而常见的是横式信封（见图 5－2）。

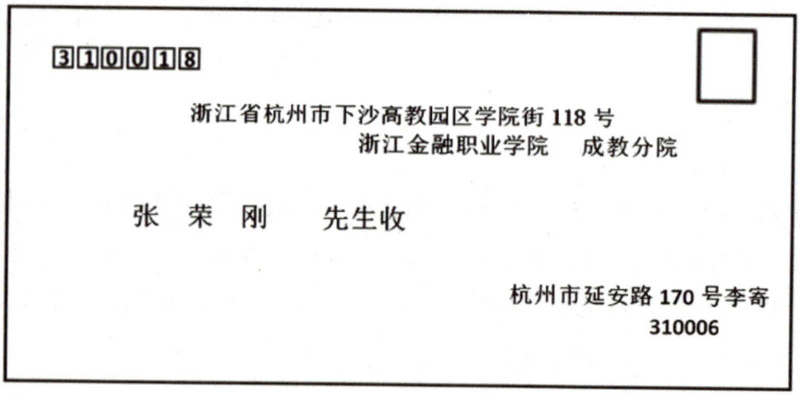

310018

浙江省杭州市下沙高教园区学院街 118 号
浙江金融职业学院　成教分院

张　荣　刚　　先生收

杭州市延安路 170 号李寄
310006

图 5－2

在图 5－2 中，信封左上角为收件人所在地区的邮政编码，如：310018。邮政编码后边或下一行为收信人地址，要写清收信人所在省（区、市）、县、街道和门牌号码。尤其是发往单位的信件，不能只写单位名称，应在单位名称前写上详细地址，如：浙江省杭州市下沙高教园区学院街 118 号浙江金融职业学院成教分院。

有人在写收信人地址时，用简化的地名，这是不允许的。如“福建莆田”，应写明“福建省莆田市”。

信封上也不宜写省（区、市）的简称，如“闽”“鄂”等，或单位简称，如“杭二中”等，而应用全称，即“福建省”“湖北省”“杭州市第二中学”等。

在收信人地址的下方及信封中部，写收信人的姓名（或单位），为了醒目，更为表示对收信人的尊重，可将字写大些，并且落笔略靠左些。不要使用写信人对收信人的亲属称谓，如“某某姨妈”“某某外甥”，因为信封主要是给投递人员看的，这样写对投递人员是不礼貌的。

信封的右下方应写明寄信人的详细地址，如是挂号信，应写上姓名。在信封右下角的六个小方格中填上寄信人所在地区的邮政编码。

最后记得要贴邮票。贴邮票处一般在信封的右上角，邮票应贴足额，并正贴，不要将邮票倒贴、歪贴或贴在背面和信封封口处。

如果是托人转交的信，信封一般不封口，也可以让受委托人封口，以表示礼貌。如捎信人熟悉收信人的地址，信封上就不用再写地址，只写“烦交”“面交”“送交”“呈交”就可以；如果不熟悉，应把详细地址写上。在信封中间写收信人姓名。接下来写“×××托”或“×××拜托”(见图 5－3）。

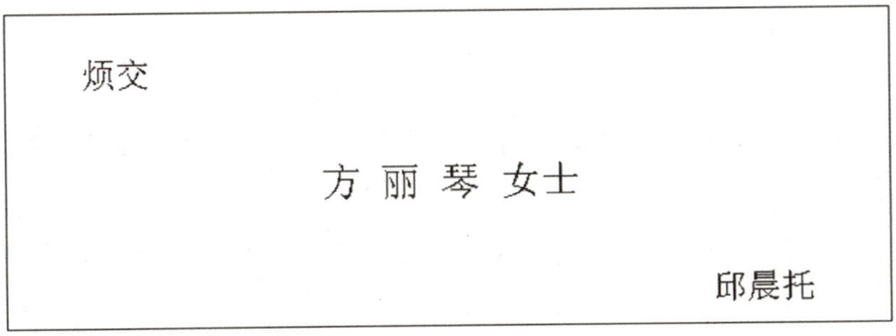

烦交

方 丽 琴 女士

邱晨托

图 5－3

2. 信瓤

信瓤是书信的主要部分。旧时对其要求很复杂，要用专用的“八行”纸写，必须写满两页，而且不能一行一字，折叠时文字需向外。现已无须那么烦琐，但也有基本格式。一般包括称谓、问候、正文、结语、署名和日期几部分。

（1）称谓。

也叫抬头，指写信人对收信人的称呼。应顶格写且单独成行，并加上冒号。使用称呼需了解地域习俗，注意礼貌礼节，注意身份、地位，同时也表现写信人的真诚。使用称谓时，以下几种情况应加以注意：

夫妻之间，可写名字，或写爱称。对长辈一般不写姓名，只写称谓，如“伯父”“阿姨”等。兄弟姐妹之间，长对幼可写名字。

如果是朋友、同事、同学等，熟悉的可写名字；关系一般的，在名字后加上“同志”“同学”“战友”等；不熟悉的或初次通信的人，姓名后一般应加上“同志”“先生”等。

对德高望重的老人，在姓之后加上“老”字，以示尊敬，如“王老”。对领导，往往在姓后加职务，如“高局长”。对自己的老师、师傅应在姓后加上“老师”“师傅”，如“方老师”“李师傅”。在称谓前，还可加上“尊敬的”“亲爱的”“敬爱的”等。

（2）问候。

又称启辞。旧时书信常将这部分作为正文的开场白，主要是寒暄客套或者说明写信原因，如今书信也有沿用，如“久疏通问，时在念中”等。现在比较习惯用简单的问候语表示关心惦念，同时也作为正文前的过渡。

常用的问候语有“您好”。如恰逢节日，可使用针对性问候，如“春节好”“新年好”等。也可问候对方的身体状况或学生的学习情况等。问候语应写在称呼下一行空两格处，可以单独成行。

（3）正文。

要另起一行，前面空两格。这是书信的核心，一般包括缘由、主体、总括三部分。

缘由，即说明写这封信的原因。如果是写回信，往往注明“来信已于某月某日收到”，然后回复对方提出的问题。

主体，要求准确清楚地表达写信人的意图。

总括，放在主体之后，对主体内容加以概括、总结或对重点加以强调。

（4）结尾。

又称祝词，也就是在正文之后，表示祝愿。如给长辈，应写“敬颂崇祺”“敬请安康”等；给平辈，一般用“顺颂安好”；给晚辈，用“即问日佳”；对从事教师、作家、编辑等职业的人士，可用“敬请教安”“顺颂撰祺”“敬颂编安”等；根据时令用“顺颂夏安”等；还有通俗化的，如“敬祝健康长寿”“此致敬礼”“祝学习进步”等。具体可根据与对方的关系、写信的季节和时日等去考虑。

（5）署名和日期。

署名放在祝词之下，署名之下写日期，还可加上具体时间和写信地址，如“9月5日晚7时于杭城”。

所有的内容都写完后，将书信再阅读一遍，如发现有遗漏的地方，可补写。方法是：提行写“另外”“另”“又及”“还有”等字样，再加补写的内容。

3. 其他注意事项

（1）信瓤的折法。文字朝外，先直后横，把收信人的名字放在最上面，使对方打开信封，一抽出信纸，马上就能看到自己的名字。原则是尽量给收信人方便。

（2）不要用公家信封、信纸写私人信件。公私分明，体现了个人修养和礼貌，也是国际通行惯例。

（3）如用电脑打印信件，署名一定要手写，以示慎重；称谓最好也要手写，以示尊重。

4. 写信忌讳

（1）潦草。写信不是草书表演，如收信人读不懂信中字，写信也就失去了意义。

（2）信纸不规范、不整洁。不要随便用作业本、笔记本撕下的纸，或用巴掌大的纸写信。

（3）用笔不懂规矩。不能用红笔写信，红笔意味着绝交；不能用铅笔，铅笔过于随意；不能用圆珠笔，显得不够慎重。所以最好用黑色或蓝色墨水笔。当然，如果自己毛笔小楷书法过硬，那也未尝不可。

（4）落笔太随意。写信不同于面谈，而是白纸黑字，容不得马虎，开不得玩笑。因此应态度认真、语气和缓、慎用幽默语，应使用规范、文明礼貌的词句，表达意思清晰明白，没有歧义。

（5）不及时回信。该回的信要尽快回，拖得越久让对方越焦急，于理有亏。

总之，书信是一个人的性格、人品、修养的反映，应亲切自然。

（二）专用书信

1. 感谢信

感谢信是为了感谢单位或他人的关心、支持、帮助等所写的信函。可以公开张贴，也可以邮寄。其格式与一般书信基本相同。

书写感谢信时，应注意两方面的问题：

（1）要在第一行居中位置写上“感谢信”或“××感谢信”之类的标题。

（2）正文内容首先要精练、概括地叙述对方的事迹，说明为什么要感谢。通过叙述以表现出对方的优秀品质和优良作风，把人物、事件、时间、地点、原因、结果等要素说清楚，在此基础上可做恰如其分的评价。其次要叙述怎么感谢。要诚恳地表达自己的感激之情，表示自己如何报答对方的帮助等。

2. 慰问信

慰问信是在节日或某些特殊情况下，向单位或个人表示关怀、问候、安慰或鼓励的一种专用书信。可以面交或邮寄，也可刊登在报刊上。其格式也与一般书信基本相同。

书写慰问信时要注意以下几个方面：

（1）一般要在第一行中间写上“慰问信”或者“××致××的慰问信”之类

的标题。

（2）慰问内容要根据书信的目的和对象而定。如慰问公安干警，可赞扬他们舍生忘死，为维护社会秩序、保卫人民生命财产所做出的重大贡献。

（3）慰问信的结尾，往往要表示共同的愿望和决心等。

3. 贺信

贺信是在有关单位或个人有喜事时，表示祝贺的专用书信形式。祝贺的对象可以是家庭、个人婚嫁寿辰一类的喜事，也可以是重大会议或重要的纪念活动，还可以是取得优异成绩或领导岗位任职等。

写贺信要注意以下问题：

（1）感情饱满、充沛，语言表达热情洋溢，令人振奋。

（2）内容实事求是，评价恰如其分，不可言过其实。

4. 礼仪电报

礼仪电报主要包括贺电、慰问电、致敬电与唁电等几种形式。

（1）贺电用于对取得巨大成绩、做出卓越贡献的集体或个人表示祝贺。贺电的写作格式与贺信基本相同。

（2）慰问电是慰问信以电报的形式发出，在节日期间或发生某些特殊情况时，向单位或个人表示关怀、问候、安慰或鼓励的一种电报。慰问电的格式与慰问信基本形同。

（3）致敬电是表达敬意的电报。一般在重大事件发生时为表达敬意而发。常见的有重要会议结束时，或在某项工作、战役、生产、科研取得重大成果时的致敬电。重要的致敬电可登报、广播，此时又具有新闻宣传的作用。致敬电的写作格式基本同贺电。

（4）唁电是对逝者表示悼念，对其家属表示问候与安慰的电报。唁电的语言必须朴实、亲切、沉痛。唁电的写作格式与以上几种电报基本相同。

5. 邀请信（函）

邀请信（函）和请柬是私人和公务场合中广泛使用的一种文书形式，是人们举行吉庆活动或某种聚会时，为表示对邀请对象的尊重和显示邀请者的郑重态度，专门向邀请对象发出的邀请。

邀请信（函）在社交活动中使用频率较高。正式的邀请信（函）要注意礼节，要热情诚恳。邀请信（函）一般由三部分组成：

（1）被邀请人的姓名，按其性别在姓名之后加上“先生”、“小姐”或“女士”。

（2）邀请的细节，包括邀请对方参加什么活动、邀请的原因、活动的时间和地点等要交代清楚，必要时可要求对方回复。

（3）邀请者的署名，同时注明时间。

邀请函的样式见图 5－4。

邀请函

尊敬的金和祥先生：

您好！

鉴于您在金融学方面的渊博知识和对当前债券市场形势的深入了解和研究，诚挚邀请您参加本月 28 日下午在杭州 ×× 广场 B 楼十层第一会议室举行的××× 峰会论坛，并就×××专题做演讲。敬请回复。谢谢！

××× 峰会论坛组委会
2021 年 4 月 15 日

图 5－4

收到邀请信（函）的一方，无论接受与否，都应该回复。

6. 请柬

请柬是礼貌的象征，也是对对方的一种提醒。宴会、招待会、酒会等活动通常会使用请柬。请柬应提前一到两周或更长时间发出，以便让对方有足够的时间安排自己的活动。请柬可手写也可印刷。

（1）请柬的内容。

请柬的内容由标题、正文、结尾、落款和时间几部分组成。

标题写在信封上，如“请柬”“请帖”。

正文是请柬的主题，要写明受邀者的姓名，拟举行的活动名称，活动的时间、地点及注意事项等，用词准确、精练、恳切、得体。

结尾处空两格写上“敬请”“恭候”等字样，再另起一行写上“光临”“莅临”字样。

落款写在下方由发请柬者署名，再另起一行注明日期。

请柬上可注明受邀者宜单独前来或是携伴参加，必要时也应告知受邀者所需穿着的服装。正文中提及的机构名称及节日名称均需使用全称。

请柬正文不写受邀者的姓名。请柬译成外文时应注意符合外文表达习惯。

请柬样式见图 5－5。

请柬

为庆祝“中国杭州第 × 届 ×× 博览会”的开幕，谨定于 2020 年 12 月 22 日下午 6:00 时在杭州西子宾馆举行招待会。

敬请

光临

中国浙江省杭州市贸易促进委员会
2020年12月5日

地点：杭州西子宾馆
电话：0571-87021888

图 5－5

（2）请柬的设计。

请柬的设计必须考虑整体形象，包括尺寸、颜色及图案等。标准的请柬是在白色或淡色的长方形卡纸上，以红色或黑色字体印出邀请的内容，强调材质及字体颜色的配合。有些商业用途的请柬还很注重时尚性，因此请柬的材质和颜色选择有较大的弹性。公司的名字或形象标志，应出现在请柬上。设计商务请柬时应掌握公关心理，运用公关语言，但不要随意堆砌。

（3）请柬递送礼仪。

装填请柬应使收件人打开信封后即可见到请柬的第一面。若有其他资料夹附，应仔细夹好。信封上的字整齐、清楚。若用手写，最好用黑色签字笔。如是十分重要的请柬，最好不要用电脑打印的标签贴地址。

如果筹备重大的活动，受邀者包括国外业内人士或客户时，最好让他们先知道活动的时间。请柬递送的时间越早，越容易被受邀者注意到，也往往会得到优先考虑。各种会议及宴会请柬递送的适当时间为：邀请外方代表参加的会议应于6～8个月前寄出；茶话会应于2周前寄出；酒会应于2～3周前寄出；正式午餐或晚宴应于2～4周前寄出。

四、邮件礼仪

随着互联网的普及，无论是在工作还是生活中，电子邮件作为一种交流的工具和方式，使用已日趋普遍，且不可或缺。

使用电子邮件进行交流沟通时应遵循相应的邮件礼仪。

（一）邮件的主题

主题应明确，这是收件人了解邮件的第一信息，可使收件人迅速了解邮件的主要内容，并判断其重要性。邮件的主题应注意以下方面：

（1）主题一定不要空缺；

（2）主题应简明扼要；

（3）正确反映邮件的内容和重要性；

（4）一封邮件只能有一个主题，不要在一封邮件内谈多件事情或有多个主题；

（5）可适当使用大写字母或特殊字符进行标注，引起收件人的注意，但不可随意使用“紧急”之类的字眼；

（6）回复对方邮件时，可根据回复的内容编写主题，但不宜写一大串。

（二）邮件的称呼与问候

1. 称呼

恰当的称呼很重要。邮件的开头，要正确称呼收件人，这既是礼貌，也是提醒。有多个收件人的情况，可称呼“大家”“各位”等；如果对方有职务，应按职务尊称对方，如不清楚职务，通常可用泛称，但要确定性别，如“某某先生”“某某女士”。

2. 问候

问候语可简单些，开头写“你好”或“您好”，结尾常用“祝您顺利”之类即可。

（三）邮件的正文

（1）邮件正文要求简明扼要，行文通顺，说清楚事情即可。如果内容较多，可在正文只作摘要介绍，后续以单独文件作为附件进行详细具体阐述。尽量使用简单的词汇和短句，表达清晰准确。对于技术性强或讨论性质的邮件，可配图表加以阐述。

（2）注意根据收件人与自己的熟悉程度、等级关系以及邮件是对内或对外的性质，选择恰当的语气表述，尽量多用“请”“谢谢”等礼貌用语。

（3）如遇需说明的事情较为复杂，最好分几个段落进行说明，每个段落应简短，不要太长；最好在一封邮件中把相关内容信息说清楚，避免几分钟后再发邮件进行补充或者更正。

（4）邮件发出之前务必再仔细检查行文是否通顺，拼写是否有误。

（5）合理提示重要信息，慎用大写字母、斜体、粗体、彩色字、加大字号，过多的提示会让人抓不住重点，进而影响阅读和理解。在商务信函邮件中尽量少用或不用笑脸等表情符号，以示慎重。

（四）邮件的附件

（1）内容较为复杂的邮件带有附件，应在正文中提示收件人查看附件；

（2）附件用与正文关联的名字命名，并在正文中对附件的内容进行简要说明，尤其是带有多个附件时；

（3）附件数目不宜过多，数目较多时应该打包压缩成一个文件；

（4）如附件是特殊格式的文件，还应在正文中说明打开方式；

（5）如附件过大，应拆分成几个小附件分别发送。

（五）邮件的结尾签名

（1）每封邮件结尾都应签名，使对方清楚知晓发件人信息；

（2）签名信息不宜过多，可包括姓名、职务、单位电话、地址等；

（3）结尾签名一般不超过四行；

（4）对不同的收件人区别使用签名档，对熟悉的对象的邮件往来签名应当进行简化，过于正式的签名会显得疏远，所以可设置多个签名档，灵活调用；

（5）签名档文字应与正文文字相匹配。

案例

粗糙的回复

刘敏刚进一家会员制单位工作，因为没有会员主管，她就直接给单位负责人发了一封邮件，询问如何能联络到她最近认识的某一个会员。三天过去了，她还没有收到负责人的回复。考虑到邮件可能在网络传递中出现问题，于是刘敏再次给负责人发了一封邮件。

单位负责人这次终于回复她的邮件了，不过邮件内容只有那个会员的电子邮件地址，刘敏本来期待的是内容更丰富的一封邮件，可因为单位负责人的邮件如此生硬，反而显得刘敏有些冒昧和无礼。

（六）邮件的回复技巧

邮件的回复体现着收件人的素养和礼貌，应仔细谨慎，认真对待。

（1）收到邮件应及时回复，收到他人的重要邮件，应即刻回复，这是对他人的尊重。一般认为较为理想的回复时间是 2 小时，一些特别紧急和重要的邮件，应再有提前。如遇出差或休假，应设置自动回复功能，以提示发件人，以免影响工作。

（2）当邮件内有诸多问题需答复时，应进行针对性回复，最好把相关的问题复制到回件中，再逐一附上答案，避免多次反复回复。

（3）一般回复不得少于 10 个字，不要只简单回复“是的”“对”“谢谢”等字眼。

（4）注意小心使用“回复所有人”功能，如收到的邮件是发给多个人的，这时只需要回复需要答复的那个人便可。

虽然邮件方便，但不要让邮件彻底代替电话。很多人都有这样的感觉，当习惯用邮件或短信时，发现自己能不打电话就尽量避免打电话，因为“怕人家烦”，尤其是需要道歉、澄清、辞职、砍价时。但长此以往，口头沟通的能力就会下降，会感觉自己已无法面对电话中的客户、上级或同事，因此必要时还应拿起电话、手机拨打过去，用得体礼貌、清晰准确的语言跟对方沟通，让对方充分感受到你声音的魅力。

互动练习 3　精心准备的邮件是成功的敲门砖

背景：某单位行政主管负责招聘工作，准备找一家招聘网站合作，同时要在大量的应聘简历中筛选，因此整天上网看邮件。在大量的邮件中，一份定时发来的署名邮件获得了意想不到的成功。

这是 A 招聘网站的一个客户经理发给他的，想争取获得合作签约的机会。但行政主管考虑以后，选择了与 B 招聘网站合作，回绝了这个客户经理的业务合作请求。

可这个客户经理并没有因此放弃同行政主管的联系，每周都给他发一封邮件，内容是幽默故事或者养生保健知识等精巧的小文章，每当节假日都会发来问候或电子贺卡。起初行政主管看到他的邮件就直接删除，从来不回信，但时间久了总能接收到他的邮件，主管便记住了他的名字，并开始看他的邮件，偶尔也回复一个问候。一年以后，该单位与B招聘网站的合作到期了，行政主管主动打电话给这位客户经理签单，并把其他朋友的单位也介绍给他。至今这个客户经理还在给行政主管发邮件，不过他们始终没有见过面。

互动提示：在邮件中显示你的诚意，对方总会感觉到的，耐心总会有回报。

互动讨论：以小组为单位讨论，A招聘网站的客户经理是如何赢得这个客户的，在网络时代应如何取得客户的信任，并在班级进行交流。

五、微信礼仪

微信如今已经成为横跨多个年龄层的通信工具，也成为个人身份辨识的一部分。微信在今天不仅是人们沟通联系的重要手段，同时也常常被使用在职场中。不仅在上下级、同事之间使用，与客户沟通时大多最后也会添加微信以方便后期沟通。那么如何通过微信向交往对象展现出你对他的尊重和自身的专业形象呢？

以下是微信使用过程中十个不可忽视的细节：

（1）面对面添加好友，到底谁扫谁的二维码呢？

很多晚辈、下属会先打开微信二维码，让长辈、上级等尊者扫码添加，其实这种添加微信的方式并不得体。当需要面对面添加微信时，正确做法是由晚辈、下级扫描尊者的二维码，发送添加好友的申请。

（2）如何选择头像能展现出你的专业形象？

有位恐怖片爱好者，之前的微信头像是一张比较惊悚的恐怖片剧照，有时候朋友晚上收到他的消息，还会被吓一跳。一次聚会上，朋友们集体建议他更换一张头像。后来见到朋友时，他说："听了你们的建议换了头像后，加别人微信的通过率都比之前高多了。"

微信头像也是你工作、生活、心态，甚至审美、爱好的缩影，大多数人都喜欢和积极向上的人做朋友，客户都喜欢和专业的人士打交道，所以微信头像的选择也是一门学问。

（3）添加好友后，如何给对方留下良好的第一印象？

大家的微信中可能都有添加了很长时间却一句话都没聊过的人。有的人在主动添加好友时，既没备注也没介绍，时间一长，可能他自己也忘了为什么要添加这个好友了。

所以在主动添加好友时，简单备注上自我介绍及添加的理由，会提高通过的概率；在对方通过申请后，要第一时间进行问候，简单介绍一下自己，这样做会给对方留下良好的第一印象。

（4）如何发送消息才不打扰人？

有些人发的微信信息真的很让人困扰，需要看完数条甚至数十条信息，才明白大致的意思，为什么不能把一件事情一次说清楚呢？所以给人发消息时，信息最好表达完整、清晰，尽量一次把事情说清楚。表达应富有逻辑性和条理性，会给人留下更加专业的印象。

（5）什么时候可以发语音？

在很忙或者开会时收到语音，信息接收者可能不会第一时间点开听，如果还是一次发来好多条语音，可能真的会令人反感，因为这样真是太影响效率了，有时不方便听，可能后来就忘记回复了。

微博上曾有一个“你能否接受微信 60 秒语音”的话题，很多人表示不喜欢这样的交流方式。有人说：微信不是有语音转文字的功能吗？但现实中除非专业播音员，谁又能保证自己的话会被翻译得一字不差呢？所以说如果没有特殊情况，最好别轻易发语音，打字的过程本身就是个整理思路、优化表达的过程，也是最高效的方式。

跟客户、上级发信息时尽量避免发送语音信息。以下几种特殊情况可以发语音：领导、上司，或者父母等尊者可以给下级、晚辈发语音；非常着急的事情，没时间打字（但其实这种情况或许打电话更好）；朋友之间闲聊，双方都比较空闲；其他特殊情况，比如在开车，打字不方便。

（6）邀请他人进群时，怎样做更得体？

大家可能都遇到过这样的情况：微信消息显示“您被 ×× 邀请进 ×× 群”，但没有群公告，也没有群功能介绍，过了几天才发现，是一个和自己业务毫不相关，而你对群主题也不感兴趣的群。遇到这样的情况，多数人都会选择直接退出并且删除群组。

我们应尽量避免未经他人允许随意拉人入群。如果确定想要邀请某人进群，最好先征得对方的同意。另外，群主应向群成员介绍群的功能，如果人数不多，比如工作群，最好介绍一下群成员，介绍时应注意顺序，先把晚辈介绍给长辈、把下级介绍给上级、把男士介绍给女士。这些细节会让群成员的感受好很多，也有助于工作顺利开展。

（7）微信必回复原则。

重要信息应及时回复，日常交流信息应在 24 小时内回复。在发朋友圈前仔细检查有没有需要回复还未回复的信息。

（8）“消息免打扰”的合理设置。

除了几个重要的核心亲友、重要工作群，将大多数不重要的群消息设置为“消息免打扰”。

（9）微信群发布信息的特别提醒。

在群里（特别是内部的工作群、项目沟通群、商务交流群等），有事要特别跟某人说时，应特意“@”某人；有重要事项要跟所有人说时，需请群主发公告“@所有人”，并且在重要事项需要回复时补充说明“收到请回复”，而收到信息的群成员应及时回复。

（10）适当使用微信的文件发送功能。

平时如无必要，不要在微信中向他人发送重要的及需存档保存的文件。

与正确使用微信、懂得微信社交礼仪的人相处，因其总会为对方考虑而让人如沐春风，愿意与之沟通，这样的人也会深受同事、合作伙伴和亲朋好友的欢迎。

微信是不见面的沟通。如何向交往对象传递出自己的专业和职业素养，如何才能更有效地沟通，是每位职场人士都应关注的问题。微信之所以在职场中广泛应用，是因为微信可以帮助实现沟通的快捷和便利，但也需要注意，微信沟通也折射出你是否具有积极、严谨的工作态度，是否是训练有素的专业人士。

无论是何种沟通方式，其礼仪的内核都是一样的，那就是尊重他人，懂得控制自己，让与你沟通的人感到舒服自在，努力使沟通变得更真诚、有效。

案例

网络谐音词使领导很无奈

某公司客户中心新近招聘的何蕙惠刚毕业于一所知名院校，她积极、阳光、时尚、开朗、努力上进，工作热情也很高，然而年过半百的方经理在与何蕙惠的工作交流中感到很苦恼。原来每次他与蕙惠在微信或QQ上进行谈话时，蕙惠总是使用一些新潮的网络谐音词，如“童鞋”“油菜花”“筒子”“灰常”“果酱”等，有时候遇到一个网络新词，方经理不得不先停下来花不少时间琢磨该词的意思。后来，在一次非正式场合，他跟何蕙惠说起这个问题，何蕙惠听到后十分尴尬。

网络通信联系的用词也应规范、正式，体现自己的专业性和对他人的尊重。尽量使用通行的网络用语，以免发生歧义，引起误会，给人留下不好的印象，影响沟通的有效性。

自我评估

评估一 有效沟通能力评估

一、情景描述

根据下表进行有效沟通能力评估，按照你的行为习惯作答。

有效沟通能力评估表

项目	经常	时常	偶尔	几乎不
1. 你是否忽视别人所说的一些你不同意或不愿意听的事情				
2. 你是否虽对别人说的事不感兴趣但还会继续认真听				
3. 你是否预测到他人将会说的话而停止聆听				
4. 你是否用你自己的词句重复刚才说话者所说的话				
5. 他人的看法与你不同时，你是否仍会聆听				
6. 你是否会从每个遇见的人那里多多少少学习些东西				
7. 看见熟悉的词用在不同的地方时，你是否会找出该词的含义				
8. 发言人正在说话时，你是否在脑海中会出现反驳的话				
9. 虽没有在聆听，但你是否仍表现得似在其中				
10. 当发言者正在说话时，你是否在做白日梦				
11. 你是否能从发言者的语言和非语言中听出完整讯息				
12. 你是否认同词汇对每个人有不同的意义				
13. 你是否忽略发言者的完整信息只聆听你要听的				
14. 你是否看着发言的人				
15. 你是否专注在发言者所要表达的讯息多于他的外貌				
16. 你是否知道哪些词语会使你做出情绪上的反应				
17. 你是否想过什么事情是你可以运用沟通来达成的				
18. 你是否计划在最好的时机说出你所要说的话				
19. 你是否设想他人如何对你所说的话做出回应				
20. 你是否思考过最佳的沟通方法				
21. 你是否想过说话对象是怎么样的人				
22. 你是否打扰正在说话的发言者				
23. 你是否想“我假设他知道”				
24. 你是否允许发言者对你做出负面的评价，并且不做出反击				
25. 你是否常常练习提升聆听能力的技巧				
26. 你是否需要摘录重点以帮助记忆				
27. 你是否不因听到噪音而分散注意力				
28. 你是否对发言者所说的并不做出判断或批评				
29. 你是否再次陈述指示与讯息以确定你正确无误地明白				
30. 你是否相信你明白发言者要表达的感觉				

二、计分标准和结果分析

按照经常、时常、偶尔、几乎不的顺序，第1、3、8、10、13、22题的分数依次为1、2、3、4分，其他各题的分数依次为4、3、2、1分，测试之后将各题所得分数相加即为你的分数。

如果你的总分在110～120分，表明你的沟通能力很出色；在99～109分，表明你的沟通能力高于平均水平；88～98分，表明你的沟通能力处于平均水平；77～87分，表明你的沟通能力刚刚合格；77分以下，则表明你的沟通能力急需提升，你需要努力。

评估二　人际沟通能力评估

一、情景描述

下面是一组沟通能力的小测试，请不假思索地选择符合你的情形。

1. 在说明自己的重要观点时，别人却不想听你说，你会（　　）。

A. 马上气愤地走开

B. 不想说了，但你可能会很生气

C. 等等看还有没有说的机会

D. 仔细分析对方不想听的原因，找机会换一个方式去说

2. 去参加老同学的婚礼回来，你很高兴，而你的朋友对婚礼的情况很感兴趣，这时你会（　　）。

A. 详细诉说从你进门到离开时所看到的以及相关细节

B. 说些自己认为重要的

C. 朋友问什么，就答什么

D. 感觉很累了，没什么好说的

3. 你正在主持一个很重要的会议，作为会议参与者的一个同事在玩手机，并发出干扰会议的声音，这时你会（　　）。

A. 幽默地劝告同事不要玩手机

B. 严厉地要求同事不要玩手机

C. 装作没有看见，任其发展

D. 给那位同事难堪，让他下不了台

4. 你正在跟老板汇报工作，你的同事急匆匆地跑过来说有你的一个重要客户的长途电话，这时你会（　　）。

A. 说你在开会，稍后再回电话过去

B. 向老板请示后，去接电话

C. 说你不在，叫助理问对方有什么事儿

D. 不向老板请示，直接跑去接电话

5. 与一个很重要的客户见面，你会（　　）。

A. 跟平时一样，穿着随便

B. 只要穿得不太糟糕就可以

C. 换一件自己认为很合适的衣服

D. 精心打扮一下

6. 你的一位下属已经连续两天下午请了事假，第三天上午快下班的时候，他又拿着请假条过来，说下午有事请假。这时你会（　　）。

A. 详细询问对方因何请假，视原因而定

B. 告诉他，今天下午有一个很重要的会议，不能请假

C. 很生气，但什么都没有说，批准了他的请假

D. 很生气，不批假

7. 你刚应聘到一家公司任部门经理，上班不久，你了解到之前本公司有几个同事觊觎你的职位，老板没任用他们，才招了你。这时你会对这几位同事（　　）。

A. 主动认识他们，了解他们的长处，争取成为朋友

B. 不理会，努力做好自己的工作

C. 暗中打听，了解他们是否具有与你竞争的实力

D. 暗中打听，并找机会为难他们

8. 与不同身份的人讲话，你会（　　）。

A. 对身份低的人，总是漫不经心地说

B. 对身份高的人，总是有点紧张

C. 在不同的场合，会用不同的态度与之讲话

D. 不管是什么场合，都是一样的态度与之讲话

9. 在听别人讲话时，你总是会（　　）。

A. 对别人的讲话表示兴趣，记住所讲的要点

B. 请对方说出问题的重点

C. 对方讲没必要的话，你会立即打断他

D. 对方不知所云的时候，你就会很烦躁，就去想或做别的事

10. 与人沟通前，你认为比较重要的是应该了解对方的（　　）。

A. 经济情况、社会地位

B. 个人修养、能力水平

C. 个人习惯、家庭背景

D. 价值观念、心理特征

二、评估标准和结果分析

下表所示的是各题选项对应分数，将 10 道题的得分加起来，就是你的总分。

测试评分表

	选 A 得分	选 B 得分	选 C 得分	选 D 得分
第 1 题	1	2	3	4
第 2 题	4	3	2	1
第 3 题	4	3	2	1
第 4 题	4	3	2	1
第 5 题	1	2	3	4
第 6 题	4	3	2	1
第 7 题	4	3	2	1
第 8 题	1	2	3	4
第 9 题	4	3	2	1
第 10 题	1	2	3	4

10 ～ 20 分：你经常不能很好地表达自己的思想和情感，也经常不被别人所了解。许多事情本来是可以很好解决的，由于你采取了不适当的方法，所以把事情弄得越来越糟。但是，只要你学会控制好自己的情绪，改掉不良的习惯，你随时都能获得他人的理解和支持。

21 ～ 30 分：你懂得一定的社交礼仪，尊重他人。你在表达自己的时候能够控制自己的情绪，并能实现一定的沟通效果。但是，你缺乏高超的沟通技巧和主动性，只要你继续努力，你就可获得更好的沟通效果。

31 ～ 40 分：你很稳重，是控制自己情绪的高手，所以他人一般不会轻易知道你的真实想法，你能很好地表达自己，有很高的沟通技巧和人际交往能力，只要你能明确意识到自己性格的不足，并努力优化，一定能取得更好的成绩。

项目六

接待拜访礼仪

得体周到的接待拜访礼仪，在职场工作过程中十分重要，是联络感情、增进友谊、交流工作、扩大信息来源的有效方法。接待和拜访是一项礼节性很强的社会交流活动。讲究接待拜访礼仪，能够给对方留下良好的印象，从而为后续的工作打下良好的基础。

一、接待礼仪

案例

初萌是公司的一个新员工，在前台负责接待来访的客人和转接电话。

一天，有一位与人力资源部何部长预约好的客人提前20分钟到达。初萌马上通知人力资源部，部长说正在接待一位重要的客人，请对方稍等。初萌转告客人说："何部长正在接待一位重要的客人，请您等一下。请坐。"正说着电话铃又响了，初萌匆匆用手指了一下椅子，赶快接电话。客人面有不悦。

请问初萌有什么不妥的地方？接待应做好哪几方面的准备工作？

（一）接待的概念和作用

接待是企业对外的一个文明窗口，来访人员往往通过这个窗口，来推论企业的工作作风、精神面貌、员工素质等整体形象。因此，作为职场人士，必须重视和切实做好接待工作。

接待是职场人士的日常工作之一。接待直接作用于来访者的"首因心理"和"近因心理"，使来访者产生某些联想，因而在公务活动中具有特殊的作用，可强化客户关系，强化企业的整体形象，显示企业的文化品位，使客户对企业形成好感。

（二）接待工作的基本要求

1. 友好热情，态度诚恳

诚恳热情的态度是人际关系成功的起点。在接待过程中应友好热情，态度诚恳，使来访者感到受尊重，产生温暖愉快的感觉，进而更容易接受企业所传播的信息和倡导的价值观念。

2. 文明礼貌，热情周到

在接待工作中，职场人士作为企业的代表直接与来访者接触，一举一动都会影响到来访者对企业的总体评价。因此，在接待工作中一定要做到文明礼貌、热情周到。尤其是对远道而来的来访者，更应关怀备至，帮助解决实际困难，消除其对企业的陌生感和恐惧心理，让来访者留下一个良好的第一印象。此外，在接待中还应细致入微，全面考虑问题，把工作做得面面俱到、有条不紊。

3. 朴实自然，举止大方

在接待中，职场人士一定要做到朴实自然、举止大方，既注重基本礼仪，又不至于过分做作，从而赢得来访者的好感。具体而言，在仪表方面应做到面容整洁、衣着得体、和蔼可亲；举止方面应表现得稳重端庄、风度自然、从容大方；语言方面应做到声音适度、语气温和、礼貌文雅。

4. 情真意切，平等待人

在接待过程中应谦恭有礼，不给来访者冷冰冰的感觉。情真意挚，是接待工作的基本要求。此外，在接待中还应做到平等待人，对所有的来访者都要一视同仁，不能厚此薄彼。

5. 不卑不亢，积极投入

在接待中要让来访者感到你的热情与尊重，又要让他看到你对本企业的自信和自豪。这就需要做到不卑不亢。一方面要热情真诚，谦虚有礼，创造出融洽的交际环境；另一方面又要落落大方，自尊自信，保持自己的尊严，体现出自豪感和自信心，赢得来访者的尊重。

（三）接待形式及礼仪

在日常办公时间里我们经常会接待来访。若是事先预约的应提前做好接待准备，如个人仪容、办公室的卫生、茶水等。重要宾客预约来访，还应事先向领导汇报，确定接待规格，落实合适的接待人员，并根据来访者的意图准备好相关资料等。若是无约而至，应马上放下手头的工作，起身相迎，礼貌问候，热情招呼对方入座，并沏上热茶，然后在其一侧或对面坐下，礼貌询问对方来意，如是初次见面，还应了解对方的姓名、工作单位。来访者说话声音过高或者情绪激动时，应及时暗示或者用手势示意对方放低声音或保持平静，可能的话，请对方到接待室去交谈。

在接待来访时应认真做好来访记录，如交谈的主要内容、来访者的意图等。必要时，要向对方复述记录，看看是否有差异和需要补充的地方。对客人提出的问题要认真考虑，对没有把握的问题或不属于自己权力范围以内的问题，不要轻易评说或做出许诺，应向有关部门、领导汇报后再答复。如不能立即答复，应诚恳地向客人说明。如对方的意见和要求不能满足，应委婉拒绝。总之，无论结果如何，都不能失礼和失态。一方面要尊重来宾，另一方面也要维护企业的利益和尊严。当来访者故意找碴或蓄意骚扰时，应保持冷静和沉着，本着“有理、有力、有节”的原则，将事端制止于萌芽状态中。此外，接待时还应注意接待礼仪，做到平等待人，不论职位高低、熟悉与否，都一视同仁，热情相迎，亲切相送。如在交谈过程中，突然电话响起或有紧急事务要处理，应先向客人说明理由，暂时中断交谈。接听电话应尽快结束，避免客人等候时间过长。如来访者身份地位较高，应及时向领导汇报。从礼仪的角度，接待应考虑宾主双方的同等性，一般应由级别相当的领导出面接待。

互动练习1 怎样接待经理不能按约会见的来访者？

背景： 卫先生是公司的一位重要客户，他在来访前已和公司经理约好了会谈的时间，可公司经理因为有别的急事要办突然出去了。这时秘书该怎么办？假如卫先生这次来是为了与公司签订一份合同，否则他可能会找其他合作伙伴，这时秘书应如何处理？

互动提示： 秘书处理时应考虑自己的权限范围。

互动练习： 请以小组为单位模拟秘书处理场景，其他小组点评。

互动练习2 怎样接待不速之客？

背景： 假如你是某公司经理的秘书，现有一位来访者要求见经理，说是与经理有约，但是凭直觉你已经感觉到对方是一个广告推销员。接过名片一看，果然是某家杂志社广告业务部的经理，经过一番交谈后，发现他并没有与经理约定。

互动提示： 热情友好地接待，灵活掌握。

互动讨论： 请以小组为单位讨论作为秘书应如何处理，然后派代表与班级其他小组交流。

1. 一般客人的接待

在会客过程中如遇到又有新的客人来访，只要安排恰当，礼貌待人，同样会收到良好的效果。一般来说，首先应向后来的客人表示欢迎，但在迎接新客人之前，应向先来的客人表示歉意。然后向先来的客人介绍后来者，使之彼此相识。如果两批客人都是有事而来，在接待方法上，可视不同的情况，选择以下三种方法之一：

（1）一起接待。

如果两批客人之间很熟，很谈得来，且谈话内容可以相互公开，可以两批客人同时接待，话题应选择两批客人都感兴趣的内容。若发现有人沉默无言，则应转移话题，并迅速与之对话，以保证在场的每一个人都得到尊重。

（2）据顺序分批接待。

一般的顺序是先来先谈。但也有例外，若先来的客人常来往，后来的客人难得上门；或先来的客人无既定目的，后来的客人有要事相商；先来的客人是平级或下属，后来的客人是长者或上级，等等。在这些情况下，主人在征得先来的客人同意后，可与后来者先谈，但必须保证先到者有事可做，如看电视、杂志、书籍等。

（3）安排两处分别接待。

要根据业务的性质，安排不同的负责人分两处进行接待。有多批客人来访，只要我们能恰当地选择好接待的方法，照样可以使客人满意。

互动练习3　如何同时接待几位来访者?

背景：秘书张艳正在公司前台接电话，电话是一个客户打来的，事情较为复杂。这个时候进来两位客人，一位已经预约，一位还未预约。张艳应该怎样处理才能使电话里的客户和来访客人都满意?

互动提示：注意如何提高每位客户的服务满意度。

互动练习：请四位同学分别演示打电话的客户、两位来访者和秘书张艳。其他同学对张艳的演示者进行评价并说明理由。

客人告辞时应起身相送，握手告别，互道再见。一般送客人应送到门口。对地形不熟的人，应主动介绍附近的交通状况；对重要来宾、稀客、老人、远道而来的客人应送上车，待车启动后再挥手送别。切忌自己坐在办公桌前，嘴里说“再见，再见!”而手中却还在忙自己的事，甚至连眼神都没有转到客人身上，这样是很不礼貌的。送客人离去时，主人应走在客人后面，否则有赶客人之嫌。

2. 重要宾客的接待

（1）迎客前期准备。

在接待重要宾客的工作中，应进行必要的事前准备，有备而行，这是做好接待工作的前提。一般前期准备工作主要有以下几项：

1）收集背景资料。首先必须收集来宾的基本资料，如来宾的人数、性别、姓名、职务、级别、年龄及带队人，来访的意图、要求、目的、任务及乘坐的交通工具，起讫日期，来访者的生活习惯、饮食爱好和禁忌。

2）拟定接待方案。在接待重要来宾之前，有必要预先拟定专门的接待方案。一般情况下一个接待方案应包括以下几项内容：接待方针、接待规格、接待形式、接待日程安排、接待经费开支、生活安排等。并根据来访的目的、任务和行程，准备好相关资料及场地，安排布置会议室、欢迎标语、领导欢迎词、介绍资料等。准备有纪念意义或有特色的礼品。为帮助客人尽快适应当地环境，还可准备一些有关资料，如城市简介、交通图、游览图等供客人查阅。

（2）接站礼仪。

1）接站。对远道而来的客人，根据客人到达的准确时间及所乘的交通工具，提前15分钟到车站、码头或机场等候，对未曾谋面的客人，应将事先准备好的接站牌设在显眼处，让客人在远处就能看到。

2）介绍。客人初到，主人宜主动与客人寒暄。首先向客人表示问候和欢迎。接着将前来迎接的人员介绍给来宾，并自我介绍，便于客人称呼，随后应主动帮客人拿行李，不过对于客人手上的外套、小包、公文包或密码箱则不要为之代劳。

3）陪车。首先引导客人上车，打开车门，如是轿车还需扶住车门框，做出“请上车”的手势。座位安排应根据国际惯例。如果客人先上车坐错位置，则应顺应客人的意思，而不必请客人挪动位置。抵达目的地后，接待人员要先于客人一步下车，为客人打开车门，协助其下车。

在驱车前往客人下榻地点的途中，接待人员应主动与客人攀谈，根据对方身份，选择恰当的谈话方式和内容。谈话内容一般应选择一些容易引起客人兴趣的话题，如当地的风土人情、旅游景点，近期发生的重大事件和客人即将参与的活动的背景资料、筹备情况等。

4）安排客人住宿。将客人送至下榻地点，主动帮助办理入住手续，并将客人送入房间，大致介绍日程安排，并征求客人意见，尽可能地创造条件满足客人要求。落实好有关事项后，接待人员应及时告退，留给客人休息和自由活动时间。按照对等礼仪，于当天或次日安排级别相当的领导前往客人下榻处看望客人。

（3）送客礼仪。

首先协助客人办好返程手续，按客人意图和离去日期，提早帮助客人预订返程车票、船票或机票；其次是送行，客人离去一定要送行，送行的时间，可以在客人返程的当天，也可以在前一天，视具体情况而定。在客人返程的当天送行，最好由原接待人员将客人送到火车站、机场或码头。送行人员要将客人送进站，待客人身影离开视线后再离去。

3. 投诉者的接待

在日常的接待中，也许会接待一些怒气冲冲的投诉者。其实接待前来投诉的客人，并不像人们想象的那样是个烫手的山芋。只要处理恰当，不仅有利于树立本企业的良好形象，而且有利于通过投诉者了解自己的产品和服务存在的问题，以便不断地改进和提高。因此，在日常工作中要重视对投诉者的接待工作，在礼节上注意把握如下细节：

（1）热情周到。

应该明白这样一个事实，不信任本单位的客户是绝对不会前来投诉的。也就是说，客户前来投诉，其实是对本单位的信任，相信本单位会为其解决问题。因此，对于前来投诉的客户，即使他怒气冲冲、态度粗鲁，也应面带微笑，热情接待。这样一来，投诉者原本愤慨的心情也会平静下来，而且你热情诚恳的态度也会渐渐消除投诉者的心理抵触，并建立相互间的信赖，使投诉者在轻松、舒畅的气氛中讲出自己的问题、意见和建议。

（2）耐心倾听。

在接待投诉者时，接待人员一定要耐心倾听。不管这种批评采用何种方式、措辞如何尖锐、是否存在偏见，都应代表单位诚恳耐心地听取，体谅他们的心情，不为自己辩护，更不运用手中权力压服对方。

（3）查清事实。

对待上门投诉客户，要查清事实、了解真相，不粗枝大叶、以偏概全、主观武断，以事实为依据，客观评价。

（4）诚恳答复。

接待人员应控制情绪，多听少说，积极思索对方讲话的目的、意图和要点，准确理解对方的话意。根据有关条文规定，本着与对方达成和解的原则，当场给予明确、得当的答复。对当时不能答复、很难解决的问题，不急于表态，更不轻易下结论，应向对方说明原因，经请示领导后再做答复。

（5）以礼相送。

当投诉者告辞时，接待人员应起身相送。对于年老体弱者，还应送到门口，使他们感到亲切、温暖，从而对企业产生良好的印象。

二、拜访礼仪

拜访是指亲自到家里或工作单位去拜访对方。工作拜访可分为正式拜访和非正式拜访两种。正式拜访是指有正当的拜访原因，通过事先预约，确定时间和地点的拜访；非正式拜访一般是指朋友之间的往来，原因可能是对朋友表示感谢，也可能是对朋友表示关心，还可能是向朋友求助。

（一）拜访准备

1. 拜访私宅应选好时机，注重预约

要事先用电话或信件进行拜访预约。拜访的日期和时间要根据对方的情况来定。到家中拜访，最好选择在节假日前夕。由于很多人有午休的习惯，登门时间最好不安排在中午，当然更不要选在用餐时间。从我国目前的实际情况看，晚上 7 点 30 分至 8 点也许是私宅拜访较好的时机。拜访他人在原则上必须提前 5 分钟到达。

2. 办公区域拜访的准备

要制定好拜访目标并拟好提问的目录，以提高办事效率；要准备好足够的名片及可能会用得到的文字资料或电子资料，必要时准备好适宜的礼品。要提前熟悉拜访所在地的交通路线。拜访应按约定进行，如因故不能及时到达，应尽早通知对方，并讲明原因，无故迟到或失约都是不礼貌的。

（二）拜访着装

出门拜访之前，应根据拜访的对象、目的等，将自己的衣物、容貌适当修饰一下：头发要梳理好；面容要干净，并且应做适当的装饰；手指甲要修剪好；衣帽整洁，该扣的衣裤扣子扣好，鞋带系好。蓬头垢面、衣冠不整的形象不但给别人不愉快的感觉，而且是不尊重主人的表现。整洁的衣帽反映的是你对访问者的尊重。

私宅拜访的着装要求：整洁得体，但不用太隆重，不要给人一种拘谨的错觉。

办公区域拜访的着装要求：着正装或拜访者所在单位的制服，因为你的拜访在很大意义上代表的是你单位的形象，这样着装可以传递出“你很重视这次拜访”的友好信息。而制服作为你所在单位的公关识别系统的重要组成部分，能让被访者感受到你所在单位的良好的企业文化，进而对你的单位留下良好的印象，愿意合作。

（三）拜访注意的问题

1. 拜访办公区域

从到达接待处起，拜访就开始了。先要清晰地、有礼貌地自报姓名、所在单位，有无预约。被带进接待室后，先在下座的位子坐下。在等待的时间内，要安静地等待，不要在室内来回走动。当被访对象进来时，要起身打招呼，并对对方抽出宝贵时间来接待表示感谢。初次见面，互换名片，如有同行者，主动进行介绍。

2. 拜访私人住宅

进门访问前，应当先轻声敲门或按门铃。主人开门请你进屋时，应礼貌询问主人是否要换鞋，并要询问鞋的放置（有的家庭是放在门外而不是地垫上）。雨天携有雨具拜访时，进屋前就应向主人征询雨具该放在什么地方。进屋以后，应主动向所有人打招呼、问好，或适当寒暄，对陌生人也应点头致意；按主人指定的座位入座，不可以见座位就坐。当主人上茶水时，应欠身双手相接，并致谢；必要时也可将杯盖揭开，放置杯盖时，盖口一定要朝上；喝茶时应慢慢品饮，不要一饮而尽，也不要发出声响。主人递烟时，如不会抽，也应致谢；如果主人没有递烟，而自己又特别想抽时，应征得主人同意。

3. 逗留的时间

一般情况下逗留时间要控制在 30 分钟之内，或者办完事后就告辞。告别前，应对主人的友好、热情等给予肯定。如果是家访，还不应忘了向主人家里的其他成员说“再见”。

起身告退时，如主人还有其他客人，这些客人即使你不熟悉，也应遵守“前客让后客”的原则，礼貌地向他们打招呼。主人送你出门时，应劝主人留步，并主动伸手握别。

（四）拜访礼品的选择

礼品是情感的象征和媒介。古今中外的交往几乎都离不开送礼，虽然公共关系或人际关系并不完全是用物质手段维系的。要委托主人办事或者是向主人致谢的拜访，最好带些礼物。拜访礼品的选择应注意以下几点：

（1）搞清对象，注重效果。

（2）抓准时机，注意场合。

（3）挑选礼品，精心包装。

三、馈赠礼仪

得体的馈赠要考虑六个方面的问题：送给谁（who）、为什么送（why）、送什么（what）、何时送（when）、在什么场合送（where）、如何送（how），也就是要考虑馈赠对象（who）、馈赠目的（why）、馈赠内容（what）、馈赠时机（when）、馈赠场合（where）、馈赠方式（how）六个要素，简称馈赠“5W1H”规则。

（一）馈赠对象

馈赠对象即馈赠客体，是赠物的接受者。馈赠时要考虑到馈赠对象的性别、年龄、职位、身份、性格、喜好等因素。

（二）馈赠目的

馈赠目的即馈赠动机。任何馈赠都是有目的的，或为表达友谊，或为祝颂庆贺，或为酬宾谢客，或为慰问哀悼。馈赠动机应高尚，以表达情谊为宜。

（三）馈赠内容

馈赠内容即馈赠物，是情感的象征或媒介，包括赠物和赠言两大类。赠物时，应考虑赠物的种类、价值的大小、档次的高低、包装的式样、蕴含的情义等因素。赠言则有多种形式，如书面留言、口头赠言、临别赠言、毕业留言等。赠物可以是一束鲜花、一张卡片或一件纪念品。

（四）馈赠时机

馈赠时机即馈赠的具体时间和情势，主要应根据馈赠主客体的关系和馈赠方式来把握。从时间上讲，馈赠贵在及时、准确。毫无理由的过早馈赠或“马后炮”“雨后伞”等馈赠行为不但没有好结果，而且可能失礼。向受礼者呈送礼品，一般在相见时或分手道别时。

（五）馈赠场合

馈赠场合即馈赠的具体地点和环境，主要应区分公务场合与私人场合，根据馈赠的内容和方式来选择适当的场合。一些高雅的礼品适宜送到办公室，而生活用品或价值较高的礼品则应送至私宅。

（六）馈赠方式

馈赠方式主要有亲自赠送、托人转送、邮寄运送等。

礼品选好后，应检查一下是否有价签，如果你不想让受礼者知道价格或价格偏低则应取下，如果你的礼品价格较高则可保留。认真地对礼品进行包装，既可以表达出诚意，也可以提高礼品的艺术价值，进而更有利于交际。

思政园地

云端接待

新冠肺炎疫情爆发，如何做到疫情防控与经济发展“两手抓、两不误”，成为各地工作的重中之重。疫情后期，全国陆续复工复产，部委、地方、企业积极行动，努力降低疫情对生产经营的影响，稳定经济运行。

各地纷纷积极行动起来。江苏省南京浦口经济开发区内，各招商小组把接待拜访搬到了线上，利用网络做起了招商接待；江苏省江阴高新区内，招商工作人员线上发送招商宣传片、招商指南、相关地块介绍等信息给客商，项目可行性论证等也都通过云端进行。由此可见，不管什么时代，何种情况之下，拜访接待作为双方联系的一种礼仪形式不可或缺。将疫情期间的“云端接待”落实到位，同样能让双方感受到良好的体验。

自我评估

自信心测试

一、情景描述

1. 在公共场合讨论某个问题时，你会采取什么态度？（　　）

A. 尽快阐述自己的意见

B. 除非被人询问，否则不发表意见

C. 等到别人说完看法后再发表自己的意见

2. 如果上级领导对你进行了不当的批评，你会怎么办？（　　）

A. 尽全力为自己辩护，并显得情绪激昂

B. 冷静、理智地阐述自己的看法

C. 不争辩，不言语，但心里很不舒服

3. 假如有人邀请你去演讲，你会如何应付？（　　）

A. 找出种种借口推脱此事

B. 接受邀请，但要对方告知有关情况

C. 让对方给你时间考虑再做答复

4. 你的朋友在某种场合提出你认为欠妥的想法，你会怎么办？（　　）

A. 不对其发表任何看法

B. 设法说服他改变想法

C. 先看其他人的反应，再决定是否支持他

5. 在私人集会上，你会（　　）。

A. 感到轻松

B. 一开始便觉得舒畅

C. 一直为自己的举动担忧

6. 在进入陌生人的房间前，你会（　　）。

A. 犹豫不决

B. 等有人进去时也一起进去

C. 毫不犹豫地走进去

7. 若你的上级让你叫他的名字而不叫他姓，你会感到（　　）。

A. 高兴

B. 无关紧要

C. 不自在

8. 你找一个人的地址时，因门牌号码不清楚而苦恼，这时你会（　　）。

A. 按门铃问

B. 打电话问

C. 继续找

9. 在社交场合，你看到吸引你的异性时，你会（　　）。

A. 希望他（她）能注意到你

B. 要求别人介绍

C. 自我介绍

10. 当你参加本单位组织的社交活动时，你首先会做什么？（　　）

A. 寻找你的朋友，并参加他们的谈话

B. 与最靠近你的人攀谈，即使此人你并不熟悉

C. 不与任何人谈话，先喝饮料或吸烟

11. 假如你被提升为一个先进单位的领导，你会（　　）。

A. 立刻检查单位内部的现行政策和管理办法

B. 告知所有人，至少在半年内你不做任何重大的改革

C. 要求部下提出改进意见

12. 在会议上，你有一个问题，你会（　　）。

A. 站起来提出

B. 会后或私下提出

C. 希望有人代你提出

13. 在寻找新工作时，你会（　　）。

A. 感到很紧张

B. 抱着无所谓的态度

C. 感到自己很有实力

14. 对于别人对你的看法，你会（　　）。

A. 很在意

B. 根本不理会

C. 无所谓

15. 假如你是某单位领导，你愿意选择什么类型的助手或下属？（　　）

A. 具有创造力但容易冲动的人

B. 办事认真但缺乏改革创新精神的人

C. 非常聪明但办事拖拉的人

16. 你的上司在开会发言时引用了一些不确切的数据，你会怎么办？（　　）

A. 巧妙地打断他的话，指出错误

B. 当他发问时，你趁机纠正错误

C. 在会后私下告诉他有关错误

17. 作为领导，假如你对某种管理方法感兴趣，你将采取什么措施？（　　）

A. 指派专人调研，收集资料，以确定在本单位是否适用

B. 设法说服你的上司，以求得同意或支持后再实行

C. 推广使用这种方法，既不请示也不论证

18. 假如上级要求你完成一项关系到你前途的重要工作，你将（　　）。

A. 要求上级明确理应达到的目标及所有的权限和条件

B. 表明你必须拥有一定的权利和条件以完成任务

C. 要求上级在你完成这项工作后，恢复你原来的工作

二、评估标准和结果分析

第 3、4、6、9、13、14、18 题答 A 为 1 分，B 为 2 分，C 为 3 分；第 1、2、5、7、8、10、11、12、15、16、17 题答 A 为 3 分，B 为 2 分，C 为 1 分。

43 ～ 54 分，说明你对自己信心十足，明白自己的优点，同时也清楚自己的缺点。不过在此提醒你一下，如果你的分数接近 54 分的话，别人可能会认为你自大狂傲，甚至气焰太甚，你不妨在别人面前谦虚点，这样人缘会好一些。

31 ～ 42 分，说明你颇有自信，但是你仍或多或少缺乏安全感，对自己产生怀疑。你不妨提醒自己，在优点和长处方面并不输人，要特别强调自己的才能和成就。

18 ～ 30 分，说明你对自己不太有信心，你过于谦虚和自我压抑，因此经常受人支配。从现在起，尽量不要想自己的弱点，学会积极争取，先学会看重自己，别人才会看重你。

仪式宴请篇

宴请是社会交往活动中最常见的形式之一。在职场，它能有效增进宴请双方的了解和信任，联络彼此的感情，促进业务的成功。在宴请过程中，合适的宴请形式、得体的宴请安排和良好的宴请氛围，能够让主宾精神放松、心情愉悦，更容易加深双方的相互理解和沟通。宴请的礼仪是一场成功宴会的重要因素。同样，仪式礼仪作为现代社会交往活动中的重要形式，也是组织方对内营造和谐氛围、增加凝聚力，对外协调关系、扩大宣传、塑造形象的有效手段。社交活动中，无论是主办方还是参加者，都必须遵守一定的流程、惯例。

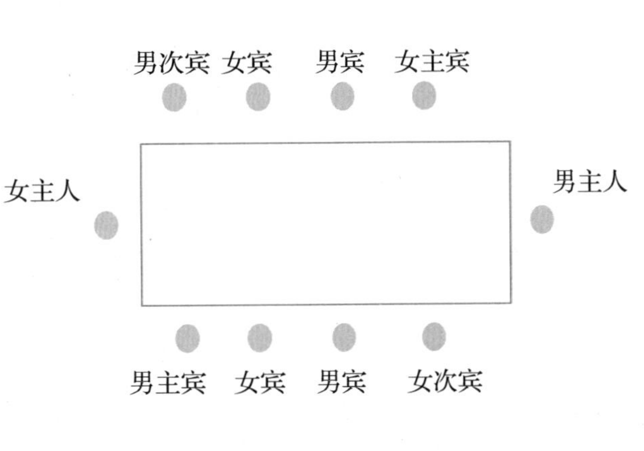

学习目标

知识目标

1. 了解中式宴请的形式和种类，清楚宴请筹备、邀请等流程，懂得现场布置的基本规则；

2. 了解西式宴请中的上菜次序及进餐礼仪；

3. 了解会晤礼仪、签约礼仪、颁奖礼仪的基本规范与流程。

能力目标

1. 掌握宴请菜单制定原则，学会中式宴请的座位安排；

2. 掌握西式宴请中的座位安排原则，学会餐具的使用；

3. 学会安排会晤过程中的几种仪式礼仪，能够布置签约仪式，熟练颁奖典礼流程并会组织布置。

思政目标

结合新冠肺炎疫情下的“分餐制”，贯彻光盘精神，注重通过宴请表达尊重与友好，展现中华优秀文化传统。强调“仪式感”在生活工作中的融入。

知识结构

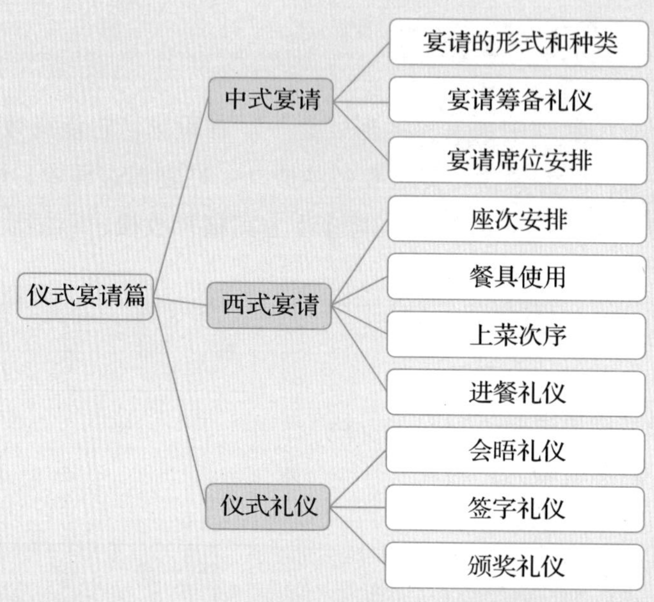

项目七 中式宴请

一、宴请的形式和种类

不同的宴请目的、性质、内容需要采取不同的宴请形式，不同的邀请对象的身份、人数及经费开支也决定着不同的宴请档次及形式。因此宴请形式的选择是决定这场宴会成功与否的前提条件。作为金融从业人员应对宴会的基本形式有所了解，并根据实际需要灵活运用。国际上通用的宴请形式主要有宴会、招待会等（见表 7－1）。

表 7－1 宴请的形式和种类

形式和种类		进行时间	是否讲究位次	有无正餐	使用场合或特点
宴会	国宴	晚	是	有	最高规格
	正式宴会	晚	是	有	商务、正式
	便宴	中、晚	否	有	简便
	家宴	中、晚	否	有	宾至如归
招待会	冷餐会	中、晚	主宾	无	冷食为主，边走边吃边谈
	酒会	中、下午、晚	否	无	酒水饮料
	茶会	上午 10 时、下午 4 时	主宾	无	简便，以茶会友
	工作餐	工作日	否	无	简便，快速

（一）宴会

宴会为进餐，坐下进食，由招待员顺次上菜。一般情况下，宴会持续时间为 2 小时左右。按礼宾规格划分，可分为国宴、正式宴会、便宴、家宴。

1. 国宴

国宴是规格最高的宴会，是国家元首或政府首脑为国家的庆典，或为外国元首、政府首脑来访而举行的正式宴会。国宴需要排座次，宴会厅内挂国旗，安排军乐队奏国歌及席间乐，席间致辞或祝酒。国宴讲究排场，对宴会厅的陈设、菜肴的道数以及服务员的个人礼仪都有严格的要求。

2. 正式宴会

正式宴会的规格仅次于国宴，除了不挂国旗、不奏国歌以及出席人员规格不同外，大体与国宴相同，有时也安排乐队演奏席间音乐，宾主均按身份排位就座。正式宴会十分讲究排场，有的在请帖上会注明对客人的服饰要求。

3. 便宴

便宴即非正式宴会，特点是较随便、亲切，适用于日常友好交往。常见的便宴有午宴和晚宴，有时也有早上举行的早宴。这类宴会形式简便，可以不排座次，不做正式讲话，菜肴道数亦可酌减。

4. 家宴

家宴即在家中设的便宴，往往由主人亲自下厨烹调，家人共同招待。

（二）招待会

招待会是指各种不预备正餐，仅提供简单的食品、酒水饮料的宴请形式。一般为活动进行过程中，为客人提供的补充能量的餐饮方式，较为灵活，一般不排座位，可自由活动。常见的有以下几种：

1. 冷餐会

冷餐会又称自助餐，是目前国际上流行的一种非正式的宴会，在大型的商务活动中较为常见。菜肴与餐具一起陈设在桌上，供客人自取，可多次取食，取食时应酌量。酒水可放在桌上，也可由服务员现场端送。菜肴以冷菜为主，也可冷热兼备。冷餐会一般不排座，较为轻松自由。有的大型冷餐招待会，主宾席通常排座位，其余各席不固定座位。举办地点可设在室内，也可设在室外。举办时间一般在中午 12 时至下午 2 时、下午 5 时至 7 时。冷餐会开始时，主客都可以讲几句祝贺、致意之类的话，中间也可以放几段音乐或表演一些小型节目，以达到活跃气氛和增进友谊的目的。

2. 酒会

酒会又称鸡尾酒会，特点是时间灵活、形式活泼，便于广泛交流。酒会不设座椅，仅置小桌，以便客人随意走动。酒会以酒水为主，但不一定都是鸡尾酒，佐以各种小吃、果汁，不用或少用烈性酒。酒会中午、下午、晚上均可举行，请帖上一般注明酒会起止时间，客人可在期间自由退席和入席。参加者衣着方面不必过于讲究，整洁即可。

3. 茶会

茶会是一种简便的招待形式，请客人品茶交谈，一般在上午 10 时、下午 4 时举行。茶会通常在客厅、会议室等场所举行，厅内设茶几、座椅，不排席位。如为贵宾举办，则应将贵宾与主人的座位安排在一起，其他人员可随意就座。茶会的茶叶、茶具一般都比较讲究，要有特色，茶具只能用陶、瓷茶具。此外，茶会上还可略备点心和地方小吃。

4. 工作餐

工作餐是现代交往中常用的一种非正式宴请形式，规格较低。双方利用进餐的时间边吃边谈，有时还需参加者各自付费，这种形式通常在特别繁忙或日程安排不开时采用。招待合作者、洽谈工作、小批客人来访、一般的会议餐等可采用这种形式。

二、宴请筹备礼仪

（一）确定宴请目的与宴请对象

成功的宴请，宴请的目的要明确，宴请的对象要恰当。宴请的对象应该充分考虑邀请与特定事件有关的代表人物参加。要确定以什么名义邀请、由谁出面邀请。宴请的主客双方身份相称，参加宴请的人员彼此身份应当相当，这可以使人们在心理上获得一种平衡与满足，不对等则会失礼。邀请的范围有哪些人、邀请到什么级别、主人一方安排哪些人作陪等都应考虑周全。确定邀请对象之后，可草拟具体邀请名单，被邀请人的姓名、职务、称呼，甚至对方是否带配偶都要准确。

（二）确定宴请的时间与地点

宴请的时间原则上以主宾双方都合适为宜，注意避开对方的重大节假日、重要活动或禁忌。

宴请地点的选择，体现了主人对宴请的重视程度，要根据宴请的规格、主宾的身份以及费用而定。

（三）发出正式邀请

凡是宴请，须发邀请，这既是礼貌，也可以对客人起到提醒备忘的作用。如果是便宴、工作餐，可通过口头或电话的方式邀请，可发亦可不发请柬。如果是邀请最高领导者作为主宾，还需单独发邀请函，其他宾客发请柬。请柬一般应提前一周左右发出，以便客人及早安排。请柬发出后，应再用电话与客人进一步联系，询问客人出席情况，以便确定参加宴会的具体人数，做好充分准备。

（四）定好宴请菜单

确定宴请的菜单，也是准备工作中比较重要的一环，因为客人往往会从主人准备的美味佳肴中，体会到热忱待客的心意，留下长久而难忘的回忆。宴请的酒菜应根据活动形式和规格，在规定的预算标准内安排。选定酒菜应考虑来宾的口味、禁忌、年龄、生活习惯、健康状况等，拟定菜单既要符合来宾的口味，又要具有地方特色，搭配合理，精致美观，让人看了赏心悦目。较为隆重的宴会可印制菜单，每桌一份，讲究的也可每人一份。

三、宴请席位安排

正式宴会一般均排席位，有些也可只排主桌和宾客席次，其他人只排桌次或自由入座。

微课视频 5
中式宴请礼仪

无论采用哪种做法，事先要通知出席者，现场还要有人引导。每桌要放置桌次牌、座次牌。大型宴会最好安排席位，以免混乱。

中式宴请桌次排列礼仪见图 7－1、图 7－2。

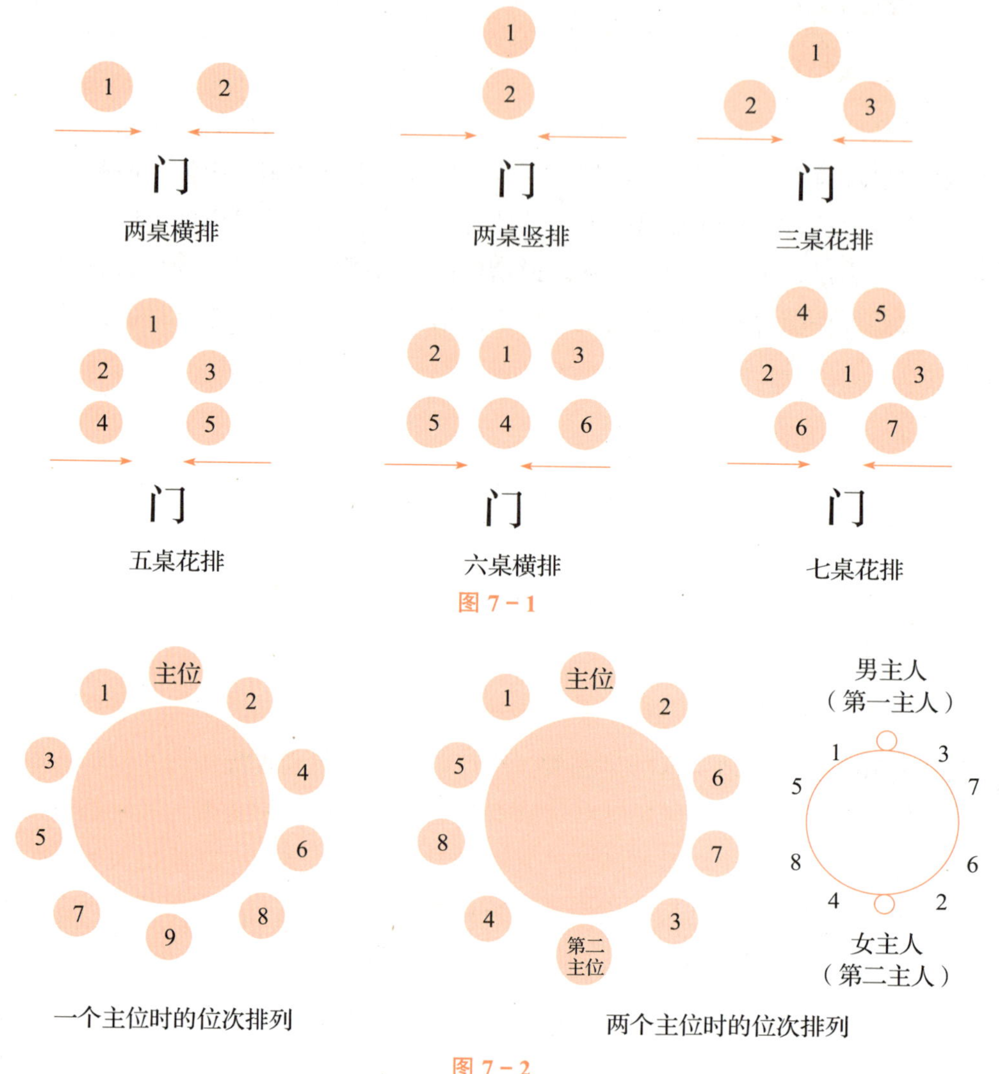

图 7－1

图 7－2

（1）在正式的宴会厅内安排桌次时，要按照以下几条规矩：

1）以右为上；2）以远为上；3）居中为上；4）临台为上。

（2）特殊原则：

高档餐厅里，室内外往往有优美的景致或高雅的演出，这时候观赏角度最好的座位就是上座。在某些中低档餐厅，通常以靠墙的座位为上座，靠过道的座位为下座。

（3）现场布置及服务要求：

1）要安静、优雅、有特色。

2）有些宴会要悬挂标语，准备话筒等音响设备。

3）要安排好迎宾人员、接待人员和引导人员。

小贴士

用餐礼仪

1. 进餐礼仪

（1）上菜后，不要先动筷，应等主人邀请，主宾动筷时再动。

（2）取菜时要相互礼让，不可争抢，取菜要适量，不要浪费，也不要专拣自己喜爱的菜吃。

（3）进餐时，尽量夹取离自己较近的菜肴。不方便夹取或离自己较远的菜肴可少吃或不吃，不要起身甚至离座去取。

（4）不要只顾自己吃，要照顾到别的客人。每当上来新菜时，应请客人或长辈先动筷子，也可以把离客人或长辈较远的菜肴送到他们面前。

（5）进餐时不要发出声音，喝汤时最好用汤匙一小口一小口地喝，不宜把碗端到嘴边喝，不能用嘴使劲吸出声音来。

（6）小口进食，不要大口地塞。食物未咽下，不能再塞食物入口。

（7）进餐时不要打嗝，也不要发出其他声音。如果出现打喷嚏、肠鸣等不由自主的声音时，应向同桌客人表示歉意。如果需要有清嗓子、擦鼻涕、吐痰等举动，应及时去洗手间解决。

2. 中餐餐具使用礼仪

中餐的餐具主要有筷、匙、碗、碟、杯等。在正式宴会上，水杯应放在餐盘上方，酒杯放在右上方，筷子与汤匙放在专用的座上。

（1）筷子。

忌敲筷、扔筷、叉筷、插筷、舞筷、舔筷等。和人交谈时，要放下筷子，停止咀嚼。

（2）汤匙。

取用食物不要过满。如果取用的食物太烫，不可用汤匙舀来舀去，也不要用嘴对着吹，可以先盛到自己的碗里等凉了再吃。

（3）碗。

碗的主要作用是盛放主食、汤羹等。不要端起碗来食用碗内盛放的食物，应该以筷、匙加以辅助。碗内若有食物剩余时，不可将其直接倒入口中。

（4）碟。

稍小一些的盘子，称作碟。碟使用的讲究与碗相同。碟在餐桌上一般应保持原位，不被挪动。一是不要一次取放过多菜肴。二是不要将多种菜肴堆放在一起。三是不宜入口的残渣、骨和刺不要吐在餐桌上，而应将其轻轻取放在食碟前端，必要时由侍者取走、换新。

思政园地

分分合合的餐桌呼唤新"食"尚

民以食为天，食以安为先。丰富多彩的饮食文化是中华文明的重要组成部分，"合餐制"也成了一种习俗礼仪。然而，合餐制在表达人们亲密温馨气氛的同时，"同餐桌、同碗盘、同筷勺"却为疾病的传播埋下了隐患。在新冠肺炎疫情全球蔓延的当下，要重新思考如何把好餐桌安全关，阻断因合餐引发的疾病。

我国早在商周时期就有分餐的记载，但其显著的特征是对层级地位的彰显，是一种礼制。饮食习俗的变迁，呈现"分久必合，合久必分"的趋势：人类社会初期，以采摘为主的饮食方式产生了分餐制；随着生活水平的提高、食物的丰富，人们聚在一起共享美食，形成了合餐制；如今，面临不断出现的公共卫生问题和疾病隐患，分餐制应成为新"食"尚。

互动练习1 用餐座次

背景： 古人云"民以食为天"，而在"食"中又以"坐"为先。鸿门宴中就有说到"项王、项伯东向坐；亚父南向坐……沛公北向坐；张良西向侍"。寥寥几笔却勾画出了安排席位的礼仪。

互动提示： 以右为上：中餐上菜时多以顺时针为上菜方向，因此居右者比居左者优先受到照顾。中座为尊：三人一同就餐时，居中坐者在位次上要高于在其两侧就座之人。面门为上：倘若用餐时，有人面对正门而坐，有人背对正门而坐，以面对正门者为上坐，以背对正门者为下座。

互动讨论： 中餐座次的礼仪有什么讲究？

互动练习2 该不该夹菜？

背景： 某公司接待了一位外商。这位外商是美国人，他来这座城市是进行投资考察的。考察进行得比较顺利，双方达成了初步的合作意向。这天该公司设宴款待这位外商，宴会的菜肴很丰盛，主客双方交谈得比较愉快。这时席间上来了一道特色菜，为表示热情，一位公司领导便为这位外商夹了一筷子菜放到他的碟子里。这位外商当即露出不悦之色，也不再继续用餐，双方都很尴尬。

互动提示： 哪怕是合餐制，筷子使用还是有不少讲究。

互动讨论： 这位外商为什么露出不悦之色？该领导夹菜有错吗？

互动练习3 林老板的不辞而别

背景： 深圳远达公司的林老板欲同昌盛公司建立业务代理关系，昌盛公司的吴总经理非常重视这一机会。林老板到达后，吴总经理设宴招待。宴会中，林老板主动解释自己不能喝白酒，要求来点啤酒，但吴总经理却热情地说："为了我们两家的合作，也为了您远道而来，无论如何也要喝点白酒。”说话间，白酒已倒入林老板的杯中，林老板只好强饮一杯，然而有了第一杯，接下来便是第二杯……林老板终于醉倒了。当林老板醒来时，发现自己躺在医院的病床上，时间已是第二天的傍晚了。次日早晨，吴总经理来医院看望林老板，护士告诉他，林老板一大早出院回深圳了。

互动提示：宴会需要注意文明饮酒。

互动讨论：对待林老板这样的贵客，在宴会上该怎么做？

自我评估

用筷礼仪认知测评

一、用筷禁忌

筷子是中餐主要餐具之一，筷子礼仪遵守得如何，是评价一个人吃相好坏的关键标准之一。如果一个人被认为是吃相难看，在社交场上肯定要丢失很多形象分。以下15项用筷禁忌是应避免的：

1. 疑筷：举筷不定，不知夹什么好；
2. 脏筷：用筷子在盘里扒拉夹菜；
3. 指筷：拿筷子指人；
4. 抢筷：两个人同时夹菜，结果筷子撞在一起；
5. 刺筷：夹不起来就用筷子当叉子，扎着夹；
6. 横筷：表示用餐完毕，客人和晚辈不能先横筷子；
7. 吸筷：嘬筷子；
8. 泪筷：夹菜时，菜上挂汤；
9. 别筷：拿筷子当刀使用，撕扯肉类菜；
10. 供筷：将筷子插在饭菜上；
11. 拉筷：拿筷子往外撕正嚼着的东西，或者当牙签；
12. 粘筷：筷子上还粘着东西就夹别的菜；
13. 连筷：同一道菜连夹3次以上；
14. 斜筷：为了吃远处的菜，斜着伸筷够菜；
15. 分筷：摆筷子时分放在餐具左右，只有在吃绝交饭时才这样摆。

二、对照检查

请仔细对照上述用筷禁忌，清点自己用餐时有没有触犯上述禁忌，如果有，请改正。

项目八

西式宴请

我们通常所说的西餐主要指欧洲国家的饮食菜肴，也包括美洲国家的菜肴。

一、座次安排

西餐一般都使用长桌。举行正式宴会时，座席排列按国际惯例，桌子地位的高低以距离主桌位置的远近而右高左低，桌子多时应摆上桌次牌。同一桌上席位的高低是以距离主人座位的远近而定。西方习俗是男女交叉安排座次（见图 8－1）。

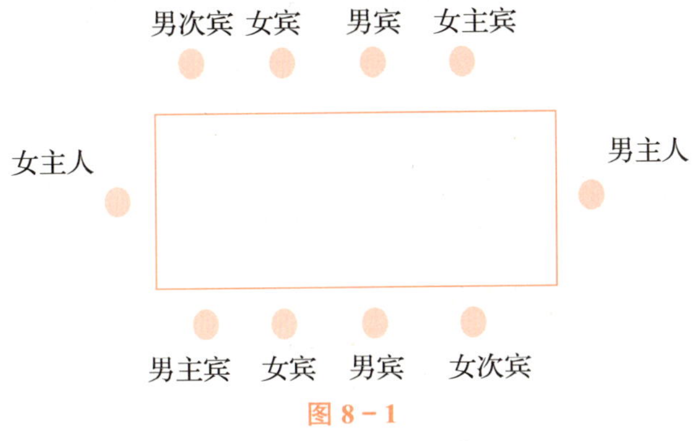

图 8－1

二、餐具使用

（一）刀叉

刀叉使用方法是右手刀、左手叉。使用刀叉时沉肩收臂，用左手固定食物，右手从左至右切割食物。用餐过程中，刀叉不同的摆放位置有着不同的含义（见图 8－2）。

图 8－2

（二）餐匙

餐匙是西餐中不可或缺的餐具，分汤匙、甜品匙和茶匙三种。在用途上三者不可相互替代，也不可用来舀取其他主食、菜肴。使用餐匙时，不要在食物中乱搅，每次取食时应分量适中。餐匙不宜全部入口，尽量保持餐匙干净清洁。

（三）餐巾

点完菜后，在头盘送来前的这段时间，把餐巾打开，往内折 1/3，让 2/3 平铺在腿上，盖住膝盖以上的双腿部分。

三、上菜次序

西餐上菜次序见图 8－3。

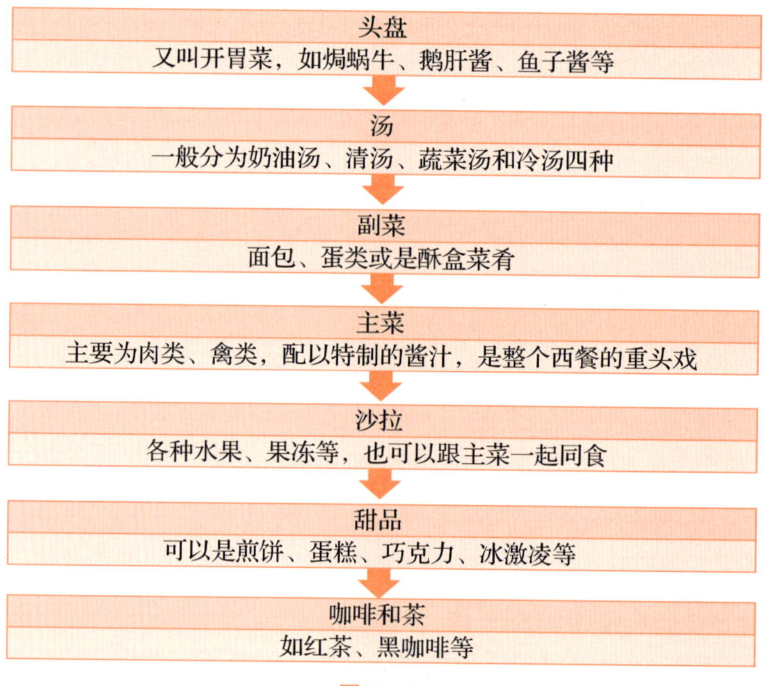

图 8－3

四、进餐礼仪

（一）开始、结束标志

如果是正式宴请，女主人把餐巾铺在腿上是宴会开始的标志。西方讲究“女士优先”的原则，西餐宴会上，女主人是第一顺序，女主人不开始用餐，别人是不能开始用餐的。同理，女主人把餐巾放在桌子上，是宴会结束的标志。

（二）进餐

开始进餐时，取菜时不要盛得太多，盘中食物吃完后，如果不够可以再取。用餐前应将餐巾打开铺在膝上，餐后叠好放在盘子右边，不可放在椅子上，亦不可叠得方方正正而被误认为未用过。

女士入座后，除了与晚礼服搭配的小手包，其他手提包不能放在餐桌上。可以把手提包挂在皮包架上，也可以放在脚边的地板上，或背后和椅子之间，或大腿上（餐巾下）。若是邻座没有人，可以放置在椅子上。

小贴士

碰杯的由来

喝酒为什么要碰杯？有两种说法。

一种说法是碰杯由古希腊人创造。传说古希腊人注意到：在举杯饮酒之时，人的鼻子、眼睛、舌头都可以享受到喝酒的乐趣：鼻子能嗅到酒的香味，眼睛能看到酒的颜色，舌头能够辨别酒味，而只有耳朵被排除在这一享受之外。怎么办呢？古希腊人想出一个办法，在喝酒之前，互相碰一下杯子，杯子发出的清脆响声传到耳朵里，这样，耳朵就和其他器官一样，也能享受到喝酒的乐趣了。

另一种说法是，喝酒碰杯起源于古罗马。古罗马崇尚武功，常常开展“角力”竞技。竞技前选手们习惯于饮酒，以示相互勉励之意。由于酒是事先准备的，为了防止心术不正的人在给对方喝的酒中放毒药，人们想出一种防范的方法，即在“角力”前，双方各将自己的酒向对方的酒杯中倾注一些。以后，便演化成碰杯并逐渐发展成为一种礼仪。

互动练习1 老张的儿子为什么会满脸通红呢？

背景：老张的儿子留学归国，还带了位洋媳妇回来。为了讨好未来的公公，这位洋媳妇一回国就张罗着请老张一家到当地最好的饭店吃西餐。

用餐开始了，老张为在洋媳妇面前显示出自己也很讲究，就用桌上一块“很精致的布”仔细地擦了自己的刀、叉。吃的时候，学着其他人的样子使用刀叉，既费劲又辛苦，但他觉得自己挺得体的，总算没丢脸。用餐快结束了，习惯吃饭时喝汤的老张盛了几勺精致小盆里的“汤”放到自己碗里，然后喝下。洋媳妇先一愣，紧跟着也盛着喝了，而他的儿子早已是满脸通红。

互动提示：老张用“很精致的布”（餐巾）擦餐具，那是用来擦嘴或手的，不能用来擦脸或餐具。“精致小盆里的汤”是洗手用的，而不是用来喝的。西餐里的汤是在主菜之前上，而案例中是在用餐快结束时上的，因此是洗手水。老张虽然已经很注意学儿子、媳妇的样子来吃西餐，但他并不了解西餐文化和礼仪。随着我们对外交往越来越频繁，只有掌握一些西餐礼仪，在必要的场合才不至于像老张一样闹笑话。

互动讨论：老张的儿子为什么会满脸通红呢？请以小组为单位讨论，找出案例中不符合西餐礼仪的地方，并派代表在班级交流。

互动练习2　菜单全是法文

背景：江洋是某证券公司的办公室主任，一天接上级命令宴请公司客户王总经理和他的秘书小黄，宴请地点定在该市一家高档法国餐厅。江洋安排王总和秘书小黄入座后，拿起菜单，却发现菜单全是法文。为了避免被人看不起，江洋不懂装懂地点起了菜。谁知，点餐员当着王总和秘书的面说道："对不起，先生，您点的全是开胃菜，要不要考虑一下我们的主菜？"闻言，江洋一脸尴尬……

互动提示：高档的西餐厅一般都备有双份菜单，一本外文菜单，一本中文菜单。当碰到点餐员拿出外文菜单时，可以要求再提供一本中文菜单。这种做法在礼仪上不失礼。如果西餐厅没有中文菜单，也可直接点套餐，或请点餐员协助点餐。适时地寻求他人帮助也是尊重他人的一种行为。

互动讨论：如果你是江洋，碰到这种场合你会怎么做？

互动练习3　中西饮食差异

背景：饮食观念的不同，使西方饮食倾向于科学、理性，中国饮食倾向于艺术、感性。西方饮食习俗的着重点是原始的饮食实用性的延伸；而中国饮食习俗中对味的偏重，就把饮食推向了艺术的殿堂。

互动提示：中西方饮食文化差异是明显的，而且各有长处。随着经济全球化及信息交流的加快，中西饮食文化在碰撞中不断融合，在融合中相互补充，在交流中共同发展。

互动讨论：中西餐饮食存在哪些差异？

自我评估

中西餐及自助餐礼仪测评

一、情景描述

餐桌上的礼仪关系到用餐的氛围、人际关系的构建。下面15个关于用餐礼仪的场景，与你的情况符合的打“√”，不符合的打“×”。

1. 不自觉地举着筷子跟别人说话。(　　)

2. 吃饭时用筷子去叉馒头。(　　)

3. 吃饭时将筷子竖着插在碗中。(　　)

4. 用餐时将餐巾纸揉成一团。(　　)

5. 将食物残渣、骨头吐在饭桌上。(　　)

6. 用中餐宴请外宾时反复劝酒劝菜。(　　)

7. 吃自助餐时一次将餐盘装满。(　　)

8. 参加同事的家庭会餐时，坐在正对门的位置。(　　)

9. 吃饭时当着众人剔牙。(　　)

10. 和客户吃饭时长时间与别人打电话。(　　)

11. 吃西餐时用餐巾纸擦餐具。(　　)

12. 需要服务员时，大声将其吆喝过来。(　　)

13. 与多人一起用餐时老是和身边的人窃窃私语。(　　)

14. 遇到自己喜欢的菜时，一个劲儿地吃。(　　)

15. 将碗里面的菜拨来拨去。(　　)

二、评估标准和结果分析

以上15个选项全部应该打“×”，如果哪一项你打“√”，说明你还要努力学习用餐礼仪。

项目九

仪式礼仪

一、会晤礼仪

会晤礼仪，是针对作为东道主而言的。也就是在商务场合，宾主见面之后，东道主怎样接待来宾的礼仪。

（一）会晤准备礼仪

1. 安排会晤场所

会晤场所由东道主进行选择：东道主的会议室、会客室、客人住的地方。越是正式的会晤，越应当安排在会客室内进行，这是商务礼仪的一条重要规定。

2. 迎宾接待

迎宾礼仪是日常接待的重要工作。正确的迎宾工作，除了热情和真诚，礼仪常识必不可少。

（1）办公室日常迎宾。

秘书在办公室接待来访的客人，既有预先约定的，也有临时无约的“不速之客”。不管是有约的还是无约的，秘书都应热情地以礼相待。

来宾若是熟悉且依约前来的，秘书可亲切地与其握手并礼貌地将其引到事先安排好的会谈地点。对首次到访的来宾，不管有约无约，秘书都应进行自我介绍，然后礼貌地询问来宾身份，并与其握手致意，必要时可与来宾交换名片。对有约的、重要的，或是远道而来的来宾，为了表示尊敬和热情友好，主人（多数是秘书）应提前到达预先约定的地点或本单位的大门口、办公楼下恭候来宾。

当来宾乘坐的车辆驶近时，应面带微笑，挥手招呼致意，以示“我们在此恭候，欢迎您的光临”之意。

（2）办公室之外迎宾。

有时，秘书必须陪同或代表领导到机场、码头、车站等交通场所迎接来宾，或在接待活动地迎接来宾，这相对于办公室日常迎宾来说，程序更为复杂，礼仪礼节要求也更为讲究。迎宾时，主人应提前到达迎接地点。来宾到达后，主人应上前热情招呼、问候，然后或自我介绍，或互相介绍，或交换名片。如果与来宾是初次见面，秘书可事先准备好写有如“欢迎 ×× 公司 ×× 先生一行”之类醒目文字的接站牌。

互动练习 1 轿车的坐车礼仪

背景：小王在一家礼品公司工作，有一天她负责去机场迎接一对来自法国的夫妇。这对夫妇是她公司今年生意上非常重要的伙伴。小王见到外商夫妇之后，先跟他们简单寒暄了几句，然后走到商务车的右侧，打开后侧车门让女士先上车，接着又走到车子的左侧，打开后车门请男士上车。最后，她自己才到副驾驶的位置就座。入座的时候，她先是打开车门，然后背对着车门，双脚并拢，非常优雅地坐入车内。外商夫妇对小王的印象非常好，并对小王的领导称赞了小王的表现。

互动提示：乘坐轿车时应注意个人礼仪，掌握轿车内座位的尊卑排序。

互动讨论：试分析小王有哪些地方做得好。

对重要的来宾，可在交通场所或特定的地方举行一定的欢迎仪式。必要时，要安排迎宾线，即在迎宾时，为了表示隆重，同时也便于主客双方相互致意，主方人员列队迎接来宾。迎宾线可安排在室内，也可安排在室外，但一定要面向来宾方向。迎宾线的迎接人员要按职务的高低排列，排列方式可是“一字式”或“八字式”。有时还要安排送花，一般宜选择代表“友谊、喜悦、欢迎”花语的花卉，如兰花、紫罗兰等。如果是外宾，送花时一定要尊重来宾所在国对花的禁忌风俗。一般来说，以红色花系或紫色花系为佳，忌用黄色花和菊花、杜鹃花、石竹花。来宾所在国的国花一般都会受欢迎。

思政园地

“过水门”仪式

2020 年 3 月 18 日 18 时 19 分，满天红霞，一架白色飞机缓缓降落在江北国际机场。

飞机上搭载的是重庆市第四批和第九批支援湖北医疗队的 133 名队员，他们也是重庆首批从湖北返渝的医疗队员。在湖北抗疫期间，他们主要在武汉客厅方舱医院和沌口方舱医院接治患者。

“唰！”两辆消防车在飞机两侧喷出高高的水柱，形成一道“水门”，重庆用民航界的最高礼仪“过水门”为凯旋的英雄“接风洗尘”。

3. 准备资料

东道主为正式的谈判、洽商、签约、修约以及会议、仪式的举行，应当准备好必要的书面材料。

（1）将有关资料提前打印好，并依一定的顺序装入一个较大的文件袋，放在正式会晤使用的、经过专门排位的桌子上，保证相关人士一人一份。

（2）在会客室门口设置一名专门的秘书，由其负责向入场者发放材料。

（3）在客主全部落座后，由专人当面依次将有关材料发至每个人的手中。

（二）会晤开始礼仪

1. 见面礼仪

最标准的“见面礼仪”——握手。

有些会晤需要安排合影。合影大都安排在宾主握手问候之后。在合影时，全体人员应当都站着。

2. 商务会见中位次排序

（1）“以右为上”原则：主方将客方置于主方右侧。

（2）“按职排位”原则：每一方从各方尊位开始按职位由高到低向远端排列（见图 9－1）。按我国外事系统惯例，译员一般安排在主人和主宾右侧的第一个位子。

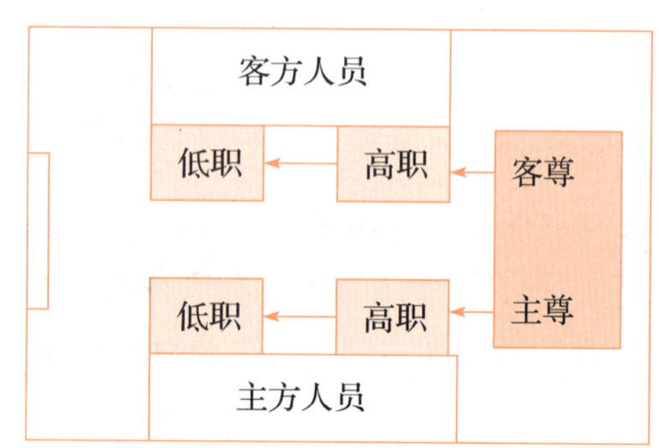

图 9－1

3. 多批来宾的接待

（1）分批接待：依照“先来后到”的顺序分批接待，适用于大型活动。

（2）分别接待：接待来自不同单位的来宾，适用于事务性会晤。

（3）一同接待：将多方客人安排在一起接待，适用于礼仪性会晤。

（三）会晤结束礼仪

俗话说："出迎三步，身送七步。"这是迎送客人的最基本礼节。送别客人时，应根据实际情况，将客人送至办公室（或接待室）门口，或送至电梯口，或送至单位的大门口等，与客人握手道别，必要时还要为客人打开车门。送别时一定要注意，不管送到哪里，都要面带微笑，挥手目送客人远去。握手道别时，主人一般不宜先伸手，以免给人造成"逐客"的误会。

重要的会晤应当举行欢送仪式。欢送仪式可在交通场所或特定的地方举行。必要时，要安排送宾线，即在送宾时，为了表示隆重，同时也便于主客双方相互话别，主方人员列队送别来宾。送宾线的人数及安排与迎宾类似。必要时还可安排送花。

二、签字礼仪

签字礼仪是指商务洽谈达成协议后，举行签字仪式时应遵守的礼仪。一般来讲，凡比较重要的、规模较大的商务洽谈，在协议达成后，都应举行签字仪式。

（一）准备工作

签字仪式的准备工作是指东道主为签字仪式所做的准备，一般应从以下四个方面着手。

1. 确定参加人员

参加签字仪式的人员，基本上应是双方参加会谈的全体人员。如一方要求某些未参加谈判的人员出席签字仪式，应事先征求对方的意见，取得对方的同意。一般出席签字仪式的双方人数大体相等。有时为表示对本次商务谈判的重视或对谈判结果的庆贺，双方更高一级的领导人也可出席签字仪式，级别一般也是对等的。

2. 准备协议文本

谈判结束后，双方应组织专业人员按谈判达成的协议，做好文本的定稿、翻译、校对、印刷、装订、盖火漆印或单位公章等。作为东道主，应为文本的准备工作提供准确、周到、快速的服务。

3. 选择签字场所

签字仪式举行的场所，一般视参加签字仪式的人员规格、人数及协议中内容的重要程度等因素来确定。多数是选择客人所住的宾馆、饭店，或东道主的会客厅、洽谈室作为签字仪式的场所。有时为了扩大影响，也可商定在某个新闻发布中心或著名会议、会客场所举行。无论选择在什么场所举行，都应取得对方的同意。

4. 布置签字场地

各国安排的签字仪式不尽相同。我国举行签字仪式，一般在签字厅内设置一张长方桌作为签字桌。桌面上盖深绿色台布，桌后放两把椅子，供双方签字人入席就座。东道主席在左边，客商席在右边。桌子上放着今后各自保存的文件，文件前分别放置签字用的文具。签字桌中间摆有一旗架，同外商签字时旗架上面分别挂着双方国旗（见图 9－2）。

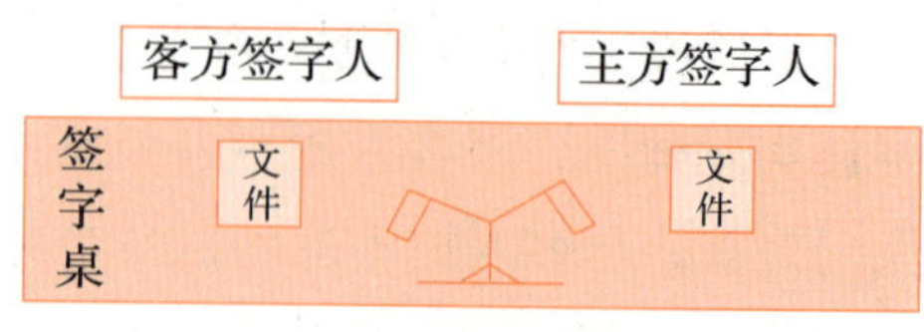

图 9－2

（二）签字仪式

所有参加签字仪式的人员都要注意自己的服饰。仪表整洁、挺括，仪态庄重、友好、大方，表情既不能过于严肃，也不应喜形于色。双方出席签字仪式的人员步入签字厅后，签字人入座，其他人员按身份高低顺序排列于本方的签字人座位后，双方身份最高者立于中央，双方助签人员应分别站在本方签字人的外侧。

签字仪式开始后，双方签字人在本国或本单位保存的文件上签毕后，由助签人员互相传递、交换协议文本，签字人再在对方保存的协议文件上签字，然后由双方签字人郑重地相互交换协议文件，并相互握手致意。其他参加签字仪式的人员应鼓掌祝贺。

协议文本交换完毕，双方人员握手致意后，服务人员用托盘端上香槟酒，供双方出席签字仪式的全体人员举杯庆祝。一般双方出席签字仪式的最高领导者、签字人和主谈人员相互碰杯即可，喝酒也只是象征性地表示一下，不能狂饮失态。签字仪式结束后，应让双方最高领导者及宾客先退场，然后东道主方退场。

在实际运作中会有各种不同的做法。在不同地区其做法也不尽相同。因此，要因地制宜，不要生搬硬套。

互动练习 2　签字仪式

背景：新丽化妆品公司与新加坡南洋有限公司于 2020 年 12 月 28 日 15:00 在帝豪酒店会议室举行总项目签字仪式。新丽化妆品公司办公室组织本部门员工进行训练，以做好签字厅布置工作。

互动提示：布置签字厅应该注意的问题：

1. 签字厅庄重、整洁，挂好横幅标语和背景字幕。
2. 了解对方谈判人员的组成情况及爱好，遵循对等的原则。
3. 签字桌的摆放应面对正门，桌面国旗的摆放应遵照国际惯例。

互动练习：在布置签字厅时要注意哪些问题？在模拟实训室进行布置。

三、颁奖礼仪

（一）颁奖礼仪流程

（1）导位把受奖人领上台；

（2）礼仪小姐用托盘托住奖品上台；

（3）导位把颁奖人引领上台；

（4）礼仪小姐双手呈递，向前微躬 15 度，把奖杯、奖状或证书递给颁奖人；

（5）颁奖人给受奖人颁奖；

（6）颁奖人和受奖人合影后，导位分别把颁奖人和受奖人引导回位。

（二）颁奖注意事项

1. 受奖人数多

（1）礼仪小姐直接把奖品用托盘托上台，把奖杯或证书直接给颁奖人；

（2）导位把受奖人引领上台；

（3）颁奖人和受奖人合影后，导位再把受奖人引导回位。

2. 受奖人数少

（1）导位直接把颁奖人引导上台，礼仪小姐随颁奖人之后上台，颁奖人与礼仪小姐各站一边，颁完奖后礼仪小姐马上离开；

（2）颁奖人和受奖人合影后，导位分别把颁奖人和受奖人引导回位。

3. 只有一位颁奖人

（1）导位把受奖人引导上台；

（2）另一位导位把颁奖人引导上台；

（3）礼仪小姐随颁奖人身后上台；

（4）礼仪小姐把奖品递给颁奖人后从受奖人身后离开；

（5）颁奖人和受奖人合影后，导位分别把颁奖人和受奖人引导回位。

互动练习 3　颁奖仪式

背景：欣欣服装公司专卖店举办颁奖典礼，特邀领导和嘉宾参加，公司公关部负责培训颁奖礼仪小姐。

互动提示：练习中需考虑的问题：

1. 礼仪小姐的姿态、形象、配合颁奖的动作要规范。

2. 礼仪小姐引导颁奖嘉宾至彩幕前，主动将证书及奖品交给颁奖嘉宾。

3. 礼仪小姐引导颁奖的路线、位置，不能影响颁奖嘉宾的动作。

互动练习：礼仪小姐该如何引导嘉宾进行颁奖？在模拟实训室进行演练。

自我评估

颁奖礼仪测评

一、情景描述

下列关于颁奖礼仪各环节的描述，你认为对的打“√”，认为不对的打“×”。

1. 一般情况

（1）导位把受奖人领上台。(　　)

（2）礼仪小姐用托盘托住奖品上台，手臂与侧腰大约是一拳的距离，端托盘时，大拇指露在托盘外面。(　　)

（3）导位把颁奖人引导上台。(　　)

（4）礼仪小姐双手呈递，向前微躬 15 度，把奖杯或证书递给颁奖人。(　　)

（5）颁奖人给受奖人颁奖。(　　)

（6）颁奖人和受奖人合影后，导位分别把颁奖人和受奖人引导回位。(　　)

2. 特殊情况

（1）颁奖人在台上：

1）礼仪小姐直接把奖品用托盘托上台，把奖杯或证书直接给颁奖人。(　　)

2）导位把受奖人引导上台。(　　)

3）颁奖人和受奖人合影后，导位再把受奖人引导回位。(　　)

（2）受奖人在台上（受奖人数少）：

1）导位直接把颁奖人引导上台，礼仪小姐随颁奖人之后上台，颁奖人与礼仪小姐各站一边，颁完奖后礼仪小姐马上离开。(　　)

2）颁奖人和受奖人合影后，导位分别把颁奖人和受奖人引导回位。(　　)

（3）颁奖场地不大（只有一位颁奖者）：

1）导位把受奖人引导上台。(　　)

2）另一位导位把颁奖人引导上台。(　　)

3）礼仪小姐随颁奖人身后上台。(　　)

4）礼仪小姐把奖品递给颁奖人后从受奖人身后离开。(　　)

5）颁奖人和受奖人合影后，导位分别把颁奖人和受奖人引导回位。(　　)

二、评估标准和结果分析

以上选项全部应该打“√”，如果哪一项你选打“×”，说明你还要努力学习颁奖礼仪。

公务职场篇

在职场工作，讲究礼仪，遵守礼仪规范，可有效展现一个人的教养、风度与魅力，更好地体现对他人、社会的认知水平和尊重程度，从而使个人的学识、修养和价值得到社会的认可和他人的尊重。对职场人士而言，大多数活动是在办公地点进行的，举行会议、讨论问题、解决问题是常用的工作方法。为此，国家公务人员、不同行业岗位的职场人士，都应掌握相关的办公礼仪、会议礼仪。金融行业要根据行业特点，以标准化、规范化内容为基础，培养工作人员的礼仪修养和规范，提升行业整体服务水平。金融行业的工作人员应加强礼仪修养，树立服务意识，掌握服务规范和技巧，提高个人综合素养，成为一名优秀的金融工作者。

学习目标

知识目标

1. 学会用礼仪规范布置办公室，了解办公室工作的礼仪，懂得人际关系处理的方法与技巧；

2. 了解会议的分类，了解大型会议的礼仪服务流程与规范；

3. 了解服务礼仪的基本内容、特征，理解临柜服务是银行服务的主流和基础；

4. 熟悉金融行业临柜岗位人员、大堂经理、电话客服、客户经理等主要岗位的服务规范与流程。

能力目标

1. 掌握办公室礼仪规范的基本要求，能够根据工作岗位合理布置办公室，并做好汇报、沟通工作；

2. 熟悉并掌握会议流程，并根据礼仪规范安排会议流程；

3. 掌握开展金融服务工作的具体礼仪规范及要求；

4. 能熟练开展银行临柜服务、电话咨询营销、纠纷投诉处理、客户拜访接待等主要服务业务活动。

思政目标

工匠精神是信念守恒与崇高道德的核心体现。深入探究工匠精神的本质属性与价值追求，落实工匠精神与高职教育的融合发展，对受教育者进行积极的价值引导，使其贯穿服务礼仪乃至整个教育教学体系中，成为高职教育培养专业型人才的有效途径。

知识结构

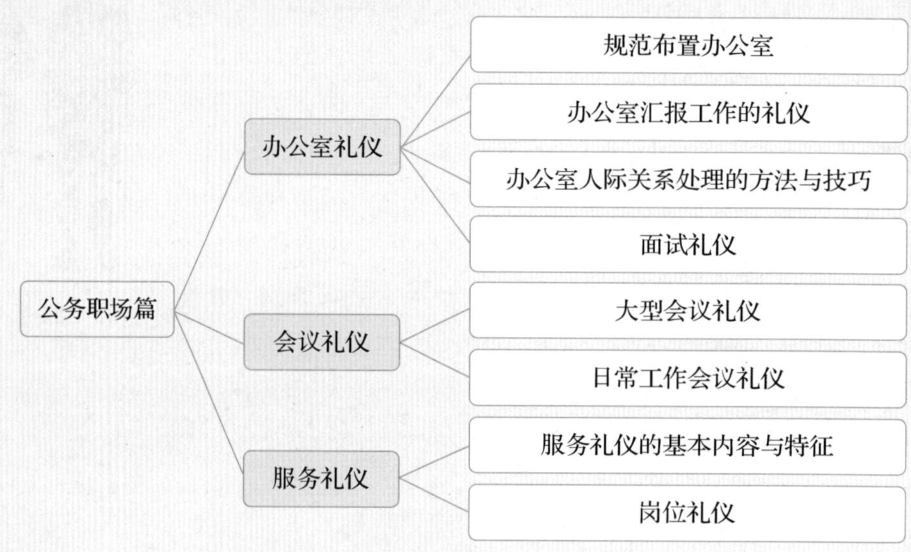

项目十 办公室礼仪

案例

小王和小张一起到一家银行应聘，竞争同一个岗位，两人在试用期间工作表现都不错，令经理很难取舍。

三个月后，经理选择留下了小张，小王不服，找经理询问原因。经理一言不发，把他带到两个人的办公桌前，小王顿时满脸通红，明白了一切：因为银行工作最多的就是和各种单据打交道，小张每天下班前都会把各种单据分门别类整齐放好，而小王则是习惯把各种单据杂乱无章地夹在一起，等到用的时候才像无头苍蝇似的乱找。

分析：

成功，除了靠工作兢兢业业，更多还取决于工作细节。遵循礼仪规范的办公室布置，能让客户和同事产生好的印象。在工作中养成有条有理的习惯，会对职业发展有很大的帮助。

一、规范布置办公室

办公室是金融企业成员处理金融日常公务、洽谈金融业务的地方，同时也是接待来访者的场所。办公室礼仪主要包括办公室环境的布置、办公室的个人礼仪、汇报和听取汇报的礼仪、处理人际关系的礼仪等。从一定意义上说，办公室是金融企业的门面，来访者因办公室的环境而产生对该企业的第一印象。凡是成功的金融企业都非常重视办公室礼仪。

办公环境的布置，是一种无声的语言，向来访者传递着信息，体现着金融行业的风格和精神面貌。在一个整洁干净、格调高雅的办公环境中，人们会不自觉地要求自己与环境相协调，从而自然而然地变得文明礼貌、庄重大方。

金融行业办公环境的设计风格，既不同于家庭环境的温馨舒适，也不同于宾馆饭店的豪华气派。办公环境的设计应该是庄重、整洁、高雅、安全，并能够体现金融行业的特点及品位。

（一）办公室整体布局

办公室的布局应按工作流程和职位进行安排，讲究合理有序，错落有致，功能清楚，互不干扰。

（二）办公室的布置

金融行业办公室的布置应充分体现金融行业的经营性质，反映金融行业的经营风格，根据金融行业特点，布置舒适的办公环境，配备现代化的经营设施，以展示企业现代化、高效率、高品位的形象。

（三）办公室的个人礼仪

办公室是金融从业人员处理日常工作的重要场所。工作人员在这里和同事们朝夕相处，在这里接待客户。因此，办公室的个人礼仪，不仅影响自己的形象，还影响整个金融企业的形象。通常应当注意：

（1）穿着打扮应当符合金融行业和本企业规范，具有职业风范。一般情况下，金融从业人员都要着制服上班，保持企业形象的统一。

（2）保持良好的仪态风范。微笑要恰到好处、落落大方。站姿、坐姿要符合礼仪规范，给人以精神饱满的感觉。正确的走路姿态应当是安静的、稳重的。不要匆匆忙忙地走路，也不要慌慌张张地做事，不要一边走路一边大声说笑。

（3）说话要文明，有分寸。办公场所不要使用亲昵的称呼，不要总是抱怨、发牢骚或闲聊。

（4）保持办公桌干净、整洁，物品摆放井然有序。从办公桌的状态可以看出工作人员的工作状态。任何时候桌面都井然有序的人，一般来说工作也会干净利索、一丝不苟。为了更有效地完成工作，办公桌上不能摆放太多的东西，只摆放手头正在处理的有关资料。如果暂时离开座位，应将文件覆盖起来，保密的资料应随时收存。文具要放在桌面上，为了使用便利，可准备多支笔，笔应放进笔筒而不是散乱地放在桌上。

（5）遵守公共道德和金融行业、企业规章制度，不迟到、不早退，爱护工作设备，充分考虑他人的需要。

（6）金融行业的工作节奏很快，工作人员不可避免地会在办公室中用餐。在办公室中用餐，需注意一些小节：打开的饮料罐，应尽快喝完扔掉；嘴里含有食物时，不要贸然讲话；最好不吃嚼起来声音很大的食物；有强烈气味的食品不要带到办公室；餐后将桌面和地板打扫一下，及时将餐具洗干净。

互动练习1 办公室的桌面

背景：王丽娟是个很有生活情趣的人，她在办公桌上摆放了很多有意思的小玩意儿，如个人艺术照、小盆景、小鱼缸、卡通玩偶。部门经理来找她要一份文件，看到她桌上琳琅满目的东西立刻就皱起了眉头。

互动提示：个人办公桌的布置和摆放折射了个人的职业素养。金融行业应给人专业、理性和可信的感觉。职场人士应结合职业形象需求布置办公桌。

互动讨论：小组讨论办公室布置的总体要求，并模拟进行对办公桌的布置。

二、办公室汇报工作的礼仪

汇报工作的总体要求：准确、全面、实事求是、客观公正。

汇报是下情上达，反映情况，为上级机关或领导提供决策依据的重要方式，是上下级沟通的重要途径。

职场人员汇报工作之际，往往也是领导考察之时。所以在汇报工作时，务必做到以下两点：

（1）汇报前要周密准备，设想可能提出的问题，准备好汇报提纲和相关材料。

（2）汇报中要根据已定主题和重点，集中目标，围绕重点，分清主次，去粗取精，节省时间，力求精练，认真对待，保证效果。

（一）汇报工作的礼仪

1. 明确汇报的对象

向领导汇报工作时，应遵守“归口管理”的原则。通常应当找分管领导汇报，擅自进行多头汇报，或越级汇报，都可能会给领导的管理工作带来不便。在找不到分管领导或该领导不对该工作负责任的情况下，才可以向分管领导的上一级领导或其他领导汇报。只有涉及综合性问题，才适合向主持全面工作的领导直接汇报。

2. 把握好汇报的时间

因所汇报的工作内容具体情况千差万别，所以汇报的时间也要根据具体情况灵活掌握。例如，紧急的事情要立刻汇报，长期的工作可分期做阶段性汇报。总体来讲，要让领导能够及时了解工作的进展、工作的困难，让领导更好地进行管理决策工作。

3. 选择合适的汇报形式

汇报工作之前，应厘清思路，并根据汇报的内容，选择合适的汇报形式。

汇报有三种常见的形式：口头汇报、书面汇报和电话汇报。

（1）口头汇报。

口头汇报是指当面向领导口头汇报工作。汇报者的礼仪要求有：

1）守时。在现代社会，人们的生活节奏普遍加快，更需要有极强的恪守时间的观念。下级向上级汇报工作时，务必按约定时间到达。

2）先敲门后进办公室。到领导的办公室汇报工作，切记不可大大咧咧，破门穿堂，而应先轻轻地敲门，经允许后再进去。即使门开着，也要用适当的方式告诉领导有人来了。

3）语言准确、简练。汇报内容要实事求是，说话要吐字清晰，语调、声音大小恰当。有喜报喜，有忧报忧，语言精练，条理清楚，不可“察言观色”，投其所好，歪曲或隐瞒事实真相。

4）尽量压缩汇报时间。汇报时间最好控制在半小时内，若15分钟就更好。汇报结束后，领导如果谈兴犹在，不可有不耐烦的体态语产生，应等到领导表示结束时才可以告辞。

5）礼貌告辞。告辞时要整理好自己的材料、衣着与茶具、座椅，当领导送别时要主动说“谢谢”或“请留步”。

（2）书面汇报。

书面汇报是将汇报内容整理成文字，以直接递交、书信递交、电子邮件递交等途径向领导汇报工作。书面汇报通常可以较为全面、系统、深入、细致地反映情况，且材料周全、说理充分，缺点是时效性较差。书面汇报适用于需领导批办、有所参考或需要保存的事宜。一般属正式公文。

（3）电话汇报。

电话汇报是指通过电话向领导汇报工作。电话汇报仅适用于临时就某些必须办理的重要事务向领导请示或反映。电话汇报后，往往还要在适当时候再以口头、书面形式对其进行补充。

4. 重视汇报的反馈意见

向领导汇报工作之后，领导会给予相关工作的反馈意见，一定要重视，并根据意见改进工作。

（二）接受汇报的礼仪

1. 听取口头汇报的礼仪

听取口头汇报时，如果已约定时间，应准时等候。如有可能应稍提前做好记录要点的准备以及其他准备。及时招呼汇报者进门入座，不可居高临下、盛气凌人、大摆架子。听取汇报的过程中，可与汇报者目光交流，配之以点头等表示自己在认真倾听的体态动作。对汇报中不甚清楚的问题可及时提出来，要求汇报者重复、解释，也可以适当提问，但要注意所提的问题不至于打消对方汇报的兴致。要求下级结束汇报时，可以通过合适的体态语或委婉的语气告诉对方，不能粗暴打断。当下级告辞时，应站起来相送。如果联系不多的下级来汇报时，还应送至门口，并亲切道别。

2. 听取电话汇报的礼仪

听取电话汇报时，要认真倾听。对于汇报中听不清楚或听不懂的地方要及时请对方再次说明。汇报结束时，应与对方核实报告内容的要点。听取汇报过程中，保持态度冷静、发音清晰、用语有礼貌。

3. 处理书面汇报的礼仪

收到书面汇报时，要及时、认真地查阅并给予反馈意见。下级汇报工作之后，若迟迟没有接到上级的反馈信息和指导意见，会挫伤今后汇报工作的积极性，不利于工作的开展。

互动练习 2　办公室汇报

背景：韩雪向主任汇报工作，先和主任约好了时间，然后提前几分钟来到主任办公室门前，看到主任正在打电话，便退到一边等了一会儿。等主任打完电话，她轻轻敲门，得到允许后，进入办公室坐下，并关闭了手机。韩雪把汇报的书面材料交给主任，清晰而有条理地开始了汇报。途中她不时稍微停顿片刻等待主任浏览材料，并对主任提出的疑问及时做了解释。汇报结束后，主任对她的工作表示非常满意。韩雪对几个细节问题请示后告辞，临走她轻轻地带上了办公室的门。

互动提示：只有培养良好的职业习惯和职业素质才能在工作中游刃有余，获得上级青睐。

互动练习：两人一组，模拟上下级之间的汇报工作。在练习的基础上，讨论并总结经验。

三、办公室人际关系处理的方法与技巧

职场人士在工作过程中，离不开上级领导以及同事们的帮助。与同事相处，应当注意遵守工作交往的礼仪，把握好自己与上级、平级以及下级的关系，为自己营造良好的人际氛围，使工作能够进展得更加顺利。与同事们关系融洽，还有利于保持良好的心理状态，时刻以饱满的热情投入到工作中。

（一）处理好与上级的关系

上级，是指同一组织、系统中，职位较高的单位或个人。

平时，在制订工作计划时、工作进展过程中、工作结束后，都应适时将需要汇报的情况，及时向直接上级汇报。除特殊情况外，不要越级汇报。

职场人士在工作上，要自觉服从上级的正确领导和指挥，感情上要高度尊重，而不是表面上谦恭和服从。有不同看法时，应在适当的时候、适当的场合向上级反映，不可当面顶撞领导。

受到上级批评时，应当以积极的心态面对，“有则改之，无则加勉”。不要以消极的情绪面对批评，应当理智地分析具体情况，从中找到改进工作、改善沟通的机会。

平时要尊重上级，以礼貌的方式与上级相处。例如，工作场合应以尊称来称呼上级；保持与上级恰当的人际距离；不能随便开上级的玩笑等。遇到问题要虚心向上级

请教，不要当众给上级纠错、揭短。

（二）处理好与平级的关系

平级之间应相互尊重，相互关心。

“关系好不等于没礼貌”，不能随便开同事的玩笑。无论是很熟还是不熟的同事，见面时应主动向对方问好。不要把同事的错误当笑料，不要取笑同事的习惯和爱好，更不要随意传播同事的隐私。

同事之间要相互照顾，相互帮忙。年轻者应虚心向年长者求教，以尽快提高自己的工作能力。年长者则要关心爱护年轻者，学习他们身上的长处。请求同事帮忙时，要用商量的口吻提出，事成之后，要诚心地表示感谢。

同事相处，要以大局为重，求大同、存小异。在工作上发生分歧时，态度要冷静，虚心地听对方解释，不能把自己的想法强加给别人，也不能按自己的标准去苛求别人。

（三）处理好与下级的关系

上级对下级的一切工作负有指导的责任，下级应服从上级，并把上级的意图变为具体的行动。职责决定了上下级之间在遇到事情时所采取的言谈举止，都必须以礼待人。

上级应率先垂范，以优秀的人格魅力、良好的外在形象、踏实的工作作风、诚信的职业道德，为下级树立良好的榜样。在工作中，做到对下级既关心爱护，又严格管理和要求。

四、面试礼仪

步入职场的重要一关是面试。面试与笔试不同，更关注的是应聘者的综合素质。应聘者的思维能力、表达能力，甚至一言一行，都是面试官考察的范围。

良好的面试礼仪会大大增加被录取概率，让应聘者把握住良机。

（一）着装要得体

面试着装的两个原则：一是要和职位相吻合；二是要和面试气氛相匹配。

对于女性应聘者来说，可以根据季节特点，选择适合自己的服装，表现出作为应聘者该有的自信、优雅、大方。衣服以套装的裤装或裙装为宜。套裙不能过短，搭配肉色裤袜为宜。不得穿过于薄、露、透的衣服。

对于男性应聘者来说，穿着相对简单。在着装得体的情况下，注意以下几点细节：

（1）身上的颜色不要超过三种。

（2）皮鞋和皮带与服装尽量搭配。

（3）袜子最好选择深颜色。

（二）牢记面试时间

面试迟到是大忌。但并不是去得越早越好，如果时间还早，可先在附近等待一会儿。提前 10 ～ 15 分钟到达面试现场效果最佳。

进门前应先敲门，听到“请进”后，再进入房间。开门、关门要轻，进门后不要随手将门关上，应转过身正对着门，用手轻轻将门合上。有不少的企业会通过握手判断应聘者是否专业、自信，所以在面试官的手朝你伸过来时，要自信稳重地伸手回应，双眼一定要直视对方，微笑着说“您好”。

（三）面试时的形体语言

1. 微笑缓解紧张情绪

微笑是自信的表现，也能为应聘者消除紧张。面试时要面带微笑，亲切和蔼，有问必答。听对方说话时，要面带微笑并不时点头，表示自己听明白了，或正在注意听。当然也不宜笑得太僵硬，要自然大方。

2. 适度恰当的手势

交谈很投机时，可以适当地配合一些手势讲解，但手势不要太多，否则会分散人的注意力。切忌频繁耸肩、手舞足蹈、抓耳挠腮、用手捂嘴说话，这些动作会显得你很紧张。

3. 如钟坐姿显精神

进入面试室后，等面试官告诉应聘者“请坐”时可坐下，坐下时应说“谢谢”。坐椅子最好坐满三分之二，上身挺直，显得精神抖擞。保持轻松自如的姿势，身体要略向前倾。不要弓着腰，也不要把腰挺得很直。有两种坐姿不可取：一是紧贴着椅背坐，显得太放松；二是只坐在椅边，显得太紧张。

4. 眼睛是心灵的窗户

对面试官应全神贯注，目光始终聚焦在面试官身上，在不言之中，展现出自信及对对方的尊重。眼睛是心灵的窗户，恰当的眼神能体现出智慧、自信以及对招聘单位的向往。回答问题前，可以把视线投在对方背后的墙上，用两三秒做思考，思考时间不宜过长，开口回答问题时，应该把视线收回来。

（四）面试完表示感谢

面试完后，起立，并向对方表示感谢。面向对方缓步退出面试室，不可走得太急，以免对方误以为应聘者紧张、怯场或赶着去做其他重要的事。出门时一定要对面试官再次行点头礼，并轻轻将门带上。

对于一个应聘者来说，细节往往决定了面试的成败。只有注重细节的处理，才能够让面试官对应聘者的印象更好，更加愿意录用应聘者。

互动练习3 职场“菜鸟”的自我调整与定位

背景：李力是位应届毕业生，刚入职一家国际知名公司。开始的几个星期里，他拼命做事，在会议上大胆地发表自己的观点，以期得到大家的认可。但事情并不像他期望的那样，他觉得公司许多人并不真正做事，踩点上下班，对他的会议发言置之不理。最让他无法忍受的是，很长一段时间里，他每天的工作就是帮助所有人复印厚厚的资料。他不禁感到气馁：这么多年的学习与积累就是为了获得一份技术含量如此之低的工作吗？

互动提示：要学习与各类人打交道，协调各种关系，创造良好的工作氛围，使人心情舒畅，提高工作效率，这是办公室处理人际关系的宗旨。

互动讨论：如果你是李力的上级，你将如何对李力进行开导和建议？

自我评估

办公室布置的自我评估

一、情境描述

利用下面提供的办公用品布置一间办公室。

1. 办公桌三张
2. 卷柜三个
3. 书柜一个
4. 文件筐三个
5. 绿色植物两盆
6. 鲜花两束
7. 单位台历一个
8. 电话机一部
9. 复印、传真、扫描一体机各一台
10. 饮水机一台
11. 纸杯若干个

二、评估标准和结果分析

按照办公室环境的布置原则，合理布置办公室，看看能否做到方便、实用、整洁、美观。

项目十一 会议礼仪

案例

银行国际业务部要开例会，徐伟作为部门成员被告知周三上午九点开会。可是徐伟九点半才匆忙抵达公司，会议已经在进行中，部门经理正在做数据报告，徐伟的突然进入吸引了在场者的注意，部门经理的思路被打断。入座后，徐伟又大声地跟周围同事说："实在抱歉，昨晚朋友聚会喝了点小酒，今天起晚了。"当全场又继续认真听经理的报告时，寂静的会场上响起了徐伟的手机铃声，部门经理对徐伟的表现很不满意。

分析：

准时到达会场是职场基本礼仪。入座后不谈论私事，且应自觉将手机等通信设备关机或设为静音状态。

一、大型会议礼仪

会议是为了解决某个（或某些）共同的问题，或出于某个（或某些）目的，聚集（可通过网络虚拟聚集）在一起进行讨论、交流的活动。金融行业的大型会议具有提升形象、促进建设、创造经济效益等作用。而日常的小型会议则会起到沟通信息、交流思想、促进工作的作用。金融从业人员应当掌握会议礼仪知识，更好地组织会议、参与会议。

（一）组织大型会议的礼仪

大型会议，一般是指与会者超过 1 000 人的会议。组织该类会议，须进行缜密而细致的组织工作。具体而言，大型会议的组织工作，在其进行前、进行时与进行后又各有不同的要求。

1. 会议前的准备工作

在会议的种种组织工作中，以会前的组织工作最为关键。会前的会务准备工作流程见图 11－1。

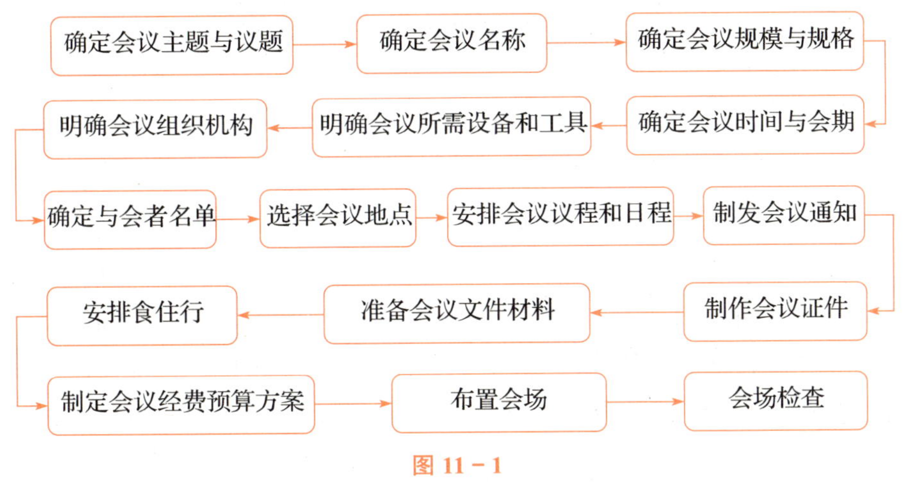

图 11－1

会前组织工作包括以下四个不同的方面：

（1）会议的筹备。

举行任何会议，皆须先行确定其主题（包括会议名称）。负责筹备会议的工作人员，则应围绕会议主题，将领导议定的会议的规模、时间、议程等组织落实。通常要组成专门班子，明确分工，责任到人。

（2）通知的拟发。

按常规，举行正式会议均应提前向与会者下发会议通知。它是指由会议的主办单位发给所有与会单位或全体与会者的书面文件，同时还包括向有关单位或嘉宾发的邀请函件。会务人员在这方面主要应做好两件事：

1）拟好通知。

会议通知一般应由标题、主题、会期、出席对象、报到时间、报到地点以及与会要求等组成。拟写通知时，应保证其完整而规范。

2）及时送达。

下发会议通知，应设法保证及时送达，不得耽搁延误。

（3）文件的起草。

会议上所用的各种文件材料，一般应在会前准备妥当。需要认真准备的会议文件，主要有会议的议程、开幕词、闭幕词、主题报告、大会决议、典型材料、背景介绍等。有的文件应在与会者报到时就要下发。

（4）常规性准备。

负责会务工作，要对会议所涉及的具体细节问题，做好充分的准备工作。

1）做好会场的布置。对于会议举行的场地要有所选择，对于会场的桌椅要根据需要做好安排，对于开会时所需的各种音响、照明、投影、摄像、摄影、录音、空调、通风设备和多媒体设备等，应提前进行调试检查。

微课视频 6
会议座次礼仪

2）会议座次安排。大型会议在座次安排上的最大特点是会场上应分设主席台与群众席。前者必须认真排座，后者的座次则根据需要安排。

大型会场的主席台，一般应面对会场主入口。在主席台上就座之人，应当与在群众席上就座之人面对面。在每一名成员面前的桌上，均应放置双向的桌签，以便与会人员对号入座。国内目前排定主席台位次的基本规则有三种：一是前排高于后排；二是中央高于两侧；三是左侧高于右侧。具体来讲，主席台的排座又有单数和双数两种情况。如领导为单数时，主要领导居中，2 号领导在 1 号领导左手位置，3 号领导在 1 号领导右手位置，以此类推（见图 11－2）；如领导为双数时（见图 11－3），1、2 领导同时居中，根据右高左低的原则，2 号领导在 1 号领导左手位置，接下来两边均匀分布，3 号领导在 1 号领导右手位置，以此类推。

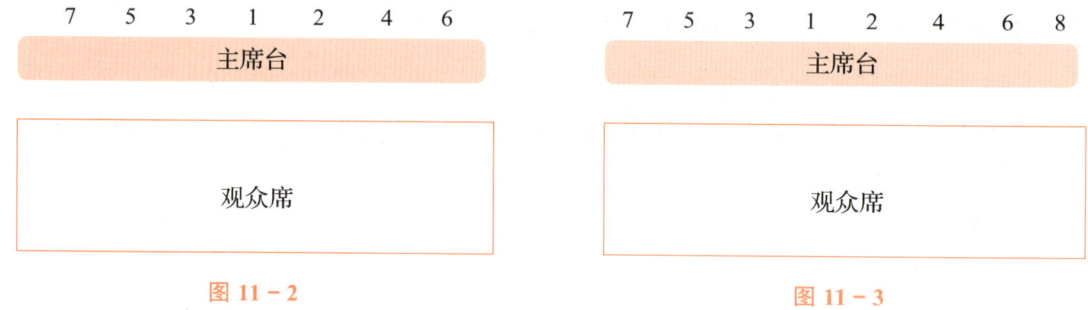

图 11－2　　图 11－3

3）根据会议的规定，与外界搞好沟通。比如向有关新闻部门、公安保卫部门进行通报。

4）会议用品的准备。一些会议用品，如纸张、本册、笔具、文件夹、姓名卡、座位签，以及饮料、声像用具等，还需要准备齐全。

（二）参加大型会议的礼仪

1. 参会者礼仪

（1）开会之前。

1）守时。在参加会议时，一般在规定的会议时间之前 5 ～ 15 分钟进入会场，不要迟到。

2）仪表。参加会议的人员应着正式服装，着装不可过于随便。金融行业的从业人员，通常要求着制服参加。如果是户外会议等特殊会议，应事先询问主办单位穿何种服装较为得体。

3）举止。在参加会议时，坐姿端正，不可东倒西歪或趴在桌子上。不要搔首、掏耳、挖鼻、剔牙、剪指甲，甚至抠脚趾头。

（2）会议进行时。

1）会议进行期间，应认真倾听报告或他人发言，做好记录，深入领会会议精神。开会时，闲聊、看书报、摆弄小玩意儿、抽烟、吃零食、打瞌睡、频频看表、身体动来动去、把玩手上的笔或闭上眼睛等，都是切忌出现的不文明行为。

2）在会议进行中，出席者要发言时，应先举手。会上发言时，应口齿清楚，态度平和，手势得体。在大型会议上发言，准备要充分，态度要谦虚，发言开始时要向听众欠身致意。发言要严格遵守会议规定的时间。发言结束，要向听众致谢并欠身施礼。

（3）会议结束后。

会议结束后，要按顺序离开会场，不要拥挤或横冲直撞。

2. 其他会议参加人礼仪

其他会议参加人，主要是相对于一般与会者而言的，包括主席台就座者、会议发言人、会议来宾等。他们除了应遵循一般与会者所遵循的礼仪之外，还有一些特殊的礼仪需要遵从。

（1）主席台就座者礼仪。

主席台上的就座者，应遵循相应的礼仪规范。进入主席台时，应该井然有序；若此时参加会议者鼓掌致意，主席台就座者也应该微笑并鼓掌回应；应按照会议工作人员的引导准确入座。会议进行中，主席台就座者应该认真倾听发言人发言，一般不要与其他就座者交头接耳，更不能擅自离席。确有重要和紧急的事宜需提前离开会场，应同主持人打招呼，征得同意后再离席。

（2）会议发言人礼仪。

对会议发言人或报告人来说，其礼仪主要表现在发言要遵守秩序。在发言之前，可面带微笑，环顾一下会场四周，如会场里响起掌声，可以鼓掌答礼，等掌声静落后，再开始发言。发言时应掌握好语速和音量。发言或报告结束时，应向全体参加人员表示感谢。

（3）来宾礼仪。

对会议邀请的来宾来说，应遵守“客随主便”的习俗，听从会议组织者的安排，做到举止端庄、行为有度。如果在会议开始前或进行中遇到熟人，可点头致意。不能因为自己是来宾就不遵守会场纪律，也不能有“高人一等”的表现。

二、日常工作会议礼仪

（一）例会礼仪

微课视频 7
会议礼仪

例会是指固定时间、固定地点和固定与会人员的制度性会议，也称为办公会议。例会是内部会议，通常范围小、时间短，所以礼仪比较简单。

（二）座谈会礼仪

座谈会是邀请有关人士，围绕某一议题进行讨论，为沟通情况、征求意见、增进感情而举办的小型会议。座谈会的礼仪有以下几个方面：

（1）内部座谈会可用通知的形式告知与会者，通知要写明座谈会的时间、地点、内容和具体要求。如有外部嘉宾应提前发送邀请函。

（2）会场的选择与安排要紧凑，一般采取C形或U形排列，营造平等、轻松、友好的气氛。

（3）如有外部嘉宾，主持人要一一介绍，并表示欢迎。

（4）主持人要活跃气氛，引导发言，要求大家知无不言、言无不尽，要使每个人都有发言机会。

（5）座谈会结束时，主持人应做简要归纳，并对嘉宾表示感谢。

（三）报告会礼仪

报告会是请专家学者、先进人物或其他人士进行专门报告的会议。常见的有形势报告会、学术报告会、先进单位或先进人物报告会。报告会礼仪主要有：

（1）会场应选择教室型，并设有主席台；会场的气氛应热烈，并挂有欢迎的横幅。

（2）报告会开始时，应由主持人对报告人予以介绍并表示欢迎。

（3）报告会的时间安排不能太长，听观众数量宜多不宜少，最好是座无虚席。

（4）报告会如要录音，应征询报告人的同意。

（5）听众如有提问，可采取递条的形式；如报告人留有空余的时间，可口头提问。

（6）听众应始终保持安静，注目倾听，不可读书看报或搞其他小动作。

（7）报告会结束时，主持人应再次表示感谢，全体应报以热烈的掌声。

（四）新闻发布会礼仪

新闻发布会，是社会组织为了实现某一目的，围绕某一特定的主题，邀请新闻记者参加的一种特殊会议。它是一种主动向外部公众传播组织的有关信息，谋求新闻界对社会组织的重要信息、某一活动或事件进行客观公正报道的有效沟通方式。新闻发布会礼仪比较烦琐，会前应进行周密的准备，以保证发布会的效果。发布会礼仪至少应当包括以下几个方面。

1. 确定主题

常见的新闻发布会的主题有两种：一种是为了发布某一重要信息，如经营方针的变化、新产品的推出等；另一种是对发生的事件予以解释和澄清，如公众投诉、负面报道、重大事故等，以化解危机，维护形象。

2. 确定邀请记者的范围

新闻发布会的主宾是记者，所以对记者发出邀请是一项十分重要的工作。邀请的范围要考虑媒体的权威性和覆盖面。如果是为了扩大组织的影响，提高组织的知名度，邀请的范围就要大一些；如果只是在一定范围内进行宣传、解释，邀请的范围则可小一些。邀请对象确定后，应提前一周将请柬或邀请函送达新闻单位或记者本人，并及时电话联系，落实出席情况。

3. 选定时间和地点

发布会时间选得是否合适，对发布会的效果有很大影响。时间的选择一要避开节假日，二要避免和重大社会活动时间相冲突。地点的选择应有利于记者的采访，可安排在组织所在地、事件发生地，也可在隶属行业会议厅进行。地点的选择还要考虑交通是否方便，扩音、录音、录像设备是否完好等。

4. 选好主持人和发言人

新闻发布会主持人和发言人的选择至关重要。发布会的主持人应思维敏捷、反应灵活、口齿伶俐、擅长交际、经验丰富和通晓礼节；发言人应由了解组织整体情况、能代表组织发言或回答提问的高层领导担任。

5. 准备好各种材料

如发言提纲、问答提纲、宣传提纲及图表、照片、实物、模型、录音、录像、影片、幻灯和光碟等辅助材料。

6. 布置会场

发布会的会场布置尤其要注重组织精神的体现。会场环境及设施要优雅、大气、舒适、得体，台上和台下要形成一种亲切融洽的气氛。

7. 现场主持人礼仪

主持人要根据会议主题调节好会议气氛。当记者的提问偏离主题时，应巧妙将话题引向主题；当出现紧张气氛时，应及时调节缓和，并把握好会议的进程和时间。

8. 现场发言人礼仪

发言人要表现出较高的风度和涵养。发言的内容要真实准确，篇幅要短小精悍，态度要热情诚恳。如遇不友好的提问要冷静处理，婉转应对，切忌生硬无礼。

9. 发布会结束时的礼仪

发布会结束时，主持人应简评会议，并对与会记者表示感谢。

思政园地

特殊的主席台

2018 年 12 月 18 日，庆祝改革开放 40 周年大会在北京人民大会堂隆重举行。中共中央总书记、国家主席、中央军委主席习近平在大会上发表重要讲话。

在大会上，有几幕场景很不寻常：主席台共设有四排座位，受表彰人员被郑重安排在第二排和第三排。从会场的座次安排，足见对受表彰人员的重视程度。

会上，习近平总书记等党和国家领导人集体站起转身，向获得改革先锋称号等受表彰人员鼓掌祝贺，现场掌声如雷。

这一举动，是亲切的关怀，更是殷殷的嘱托。这一瞬间，是对改革开放的礼赞，也是向伟大人民的致敬！

互动练习1 “时装秀”方案

背景：星辰服装集团为了开拓夏季服装市场，拟召开一个服装展示会，推出一批夏季新款时装。秘书小李拟了一个方案，内容如下。

1. 会议名称：“2021 星辰服装集团夏季时装秀”。

2. 参加会议人员：上级主管部门领导 2 人；行业协会代表 3 人；全国大中型商场总经理或业务经理以及其他客户约 150 人；主办方领导及工作人员 20 名。另请模特公司服装表演队若干人。

3. 会议主持人：负责销售工作的副总经理。

4. 会议时间：2021 年 3 月 30 日上午 9 点 30 分至 11 点。

5. 会议程序：来宾签到，发调查表；展示会开幕，上级领导讲话；时装表演；展示活动闭幕；收调查表，发纪念品。

6. 会议文件：会议通知、邀请函、请柬、签到表、产品意见调查表、产品介绍资料、订货意向书、购销合同。

7. 会址：集团小礼堂。

8. 会场布置：蓝色背景帷幕，中心挂服装品牌标识，上方挂展示会标题横幅。搭设 T 形服装表演台，安排来宾围绕就座。会场外悬挂大型彩色气球及广告条幅。

9. 会议用品：纸、笔等文具；饮料；照明灯、音响设备、背景音乐资料；足够的椅子；纪念品（每人发集团生产的 T 恤衫 1 件）。

10. 会务工作：安排提前来的外地来宾在市中心花园大酒店报到、住宿。安排交通车接送来宾。展示会后安排工作午餐。

互动提示：会议方案应该包括会议时间、地点、参会人员、座次、迎送、议程、经费等多项问题。尽可能周全。

互动讨论：小李的方案有无可改进的地方？

互动练习2 请柬发出之后

背景：某机关定于 2021 年 2 月 1 日在单位礼堂召开总结表彰大会，发了请柬邀请有关部门的领导光临，在请柬上把开会的时间、地点写得一清二楚。接到请柬的几位部门领导很积极，提前来到礼堂。一看会场布置不像是开表彰会的样子，经询问礼堂负责人才知道，今天上午礼堂开报告会，某机关的总结表彰会改换地点了。几位领导感到莫名其妙，个个都很生气，改地点了为什么不重新通知？一气之下，都回家去了。事后，会议主办单位的领导才解释说，因秘书人员工作粗心，在发请柬之前没有与礼堂负责人取得联系，一厢情愿地认为不会有问题，便把会议地点写在请柬上，等开会的前一天下午去联系，才得知礼堂早已租给别的单位用了，只好临时改换会议地点。但由于邀请单位和人员较多，来不及一一通知，结果造成了上述失误。尽管领导登门道歉，但造成的不良影响却难以消除。

互动提示：如有计划的变动，应及时关注并通知与会者。

互动讨论：这个案例告诉我们在会议准备时应注意什么问题？

自我评估

会议活动礼仪测试

一、情景描述

以下是一组活动礼仪测试题，请结合你的情况做出选择。

1. 过年放假回家时，有高中同学建议你组织同学聚会，你的反应是（　　）。

A. 非常活跃

B. 平平淡淡

C. 拒绝做组织者

2. 参加公司活动时，你迟到过吗？（　　）

A. 没有

B. 偶尔

C. 不确定

3. 你作为新闻发布会的发言人，当记者问到一个你不懂的问题时，你会（　　）。

A. 坦承自己不清楚情况

B. 顾左右而言他

C. 对记者说“无可奉告”

4. 在新闻发布会上，你发现上司说错一组数据时，你会（　　）。

A. 悄悄地往台上递纸条予以提醒

B. 默不作声

C. 举手指出错误

5. 同事给单位领导写的晚会致辞长达 10 页 A4 纸，你认为它（　　）。

A. 太长

B. 合适

C. 太短

6. 你在筹备公司的商务活动时，（　　）将来访领导专车的排次弄错。

A. 从来没有

B. 极少

C. 经常

7. 你作为公司新产品新闻发布会成员，当你坐在台上时，手机铃声突然响起，你会（　　）。

A. 关掉手机

B. 起身到外面接电话

C. 低头小声接电话

8. 单位举行庆典活动，请了很多领导和嘉宾，你为他们的座次安排而发愁吗？(　　)

A. 从来不会

B. 每次都会

C. 可能会

9. 你应邀出席一个非常正式的会议，结果发现自己只穿了一件圆领 T 恤，你会如何处理？(　　)

A. 果断更换衣服再去

B. 请同事或朋友代为出席

C. 不换衣服直接出席

10. 如果你要主持一个正式会议，你会如何处理会议主持词？(　　)

A. 提前写好并熟记于心

B. 不写稿，但在头脑中做简单准备

C. 不准备，临场发挥

二、评估标准和结果分析

A 选项为 2 分，B 选项为 1 分，C 选项为 0 分，统计各题得分，得出总分。

15 分以上，表明你已经很好地掌握会议活动礼仪；

9～14 分，表明你已较好地掌握会议活动礼仪，但你还要进一步学习，不然的话，你还会在一些商务活动场合失礼于人；

8 分以下，表明你的会议活动礼仪知识比较匮乏，要给自己多充电。

项目十二 服务礼仪

服务礼仪是服务人员在工作岗位上通过言谈举止行为等对客户表示尊重和友好的行为规范。简而言之，就是服务人员在工作场合适用的工作艺术及行为规范，主要包括服务人员在服务关系中所应有的仪容仪表和言谈举止。

案例

获得客户的信任才能真正赢得客户

小张是保险公司的销售员，很看重与客户建立良好的关系。客户车险到期的前一个月，小张给客户打了一个电话。小张表示他们保险公司有一个免费卡可以送给客户，如果客户的车发生了意外，公司免费提供24小时拖车服务。客户起初还不相信。小张表示三天之内可以给他寄过去，并提醒客户注意查收。三天之后，小张第二次打电话给客户，询问客户免费卡是否已经收到。客户说刚收到了保险公司寄来的免费卡。小张表示，如果他的车有任何问题，可立即跟保险公司联系，这让客户非常感动。两个星期后，客户的车险就要到期了，小张第三次给他打电话。小张对客户说："考虑到您的保险快到期了，我能不能给你送些资料过去，这样方便你选择。"结果，小张顺利地让客户买了他所在保险公司的车险。之前，有十几家保险公司打电话给这个客户，让客户烦得要命。

分析：

这是比较典型的以关系为导向的电话营销案例，侧重与客户在关系层面建立联系。通过这种关系，让客户自然而然地接受你的产品。电话营销时要掌握电话营销礼仪规范，包括电话预约的基本要领、电话营销的基本礼仪，用我们的微笑和语言，表达我们的诚意和修养。技巧也甚为重要。电话营销说到底是一个人与人交往的过程管理。电话营销就是持续不断地追踪，与客户建立信任关系，引起客户的兴趣，适时赞美客户，了解客户信息，尽量坚持维护与潜在客户的联系，争取最后真正赢得客户。

一、服务礼仪的基本内容与特征

（一）服务礼仪的基本内容

服务礼仪是礼仪的一种特殊形式，具有更强的规范性和可操作性，因此也表现出特殊的单向性。

服务礼仪对服务人员的仪容、仪态、服饰、语言等，都有明确周详的规定和具体特殊的要求。也正是这些规定和要求，构成了服务礼仪的基本内容。

（二）服务礼仪的特征

服务礼仪的规范性和可操作性特征都非常具体，不仅仅是“客户第一”“顾客是上帝”等一句句口号，而是一条条可落实到服务过程中的规定和细则。如在银行营业大厅迎客时应在双方相距两三米远，面带微笑注视顾客，以正确的姿势，15～30度鞠躬，问候“您好，欢迎光临”。这其中服务人员的发型、服饰、表情动作、语言等都有具体详尽的规范，与日常一般较为随意的打招呼有着明显的区别。

因服务关系的特殊性又使服务礼仪具有其他礼仪没有的单向性特点。在服务过程中，作为需求满足方的服务人员有义务最大限度地满足顾客的各种需求，但却不能同时要求顾客来满足自己的某些需求。如，最常见的遇见顾客因不满而大声训责甚至辱骂，服务人员即便有理也要把礼让给对方，不能同样大声、对骂敬。

（三）以顾客需求为导向的服务意识

意识是人类所固有的一种特性，是人的头脑对于客观世界的一种反应，是感觉、思维等各种心理活动的总和。服务意识包含对服务的感觉、认识、思维，与组织精神、职业道德、价值观念和文化修养等紧密相连，是热爱本职工作的表现。服务意识是可以培养的，是一个对于组织极其重要的理念。

“我们是为先生女士服务的先生女士。”这是美国丽思·卡尔顿酒店的口号，只有正确认识自身价值，自尊自重，自豪而不自卑，才能得到顾客的尊重。同时以顾客的需求为导向，在竞争激烈的时代，提供适应不同顾客的个性化服务，从而赢得顾客的认同。

互动练习1 怎样的服务礼仪才算是合格的？

背景：某男鞋专卖店，营业时间内顾客走进店内，营业员都笑脸相迎，让人很有被尊重的感觉。可当离关门还有十分钟时，服务人员的态度就变了，很不耐烦地催促：“快点，别试了，要关门了。”柜台收银员也锁了钱箱，准备下班。有位顾客拿了双皮鞋正准备试穿，还未坐下，店员就先发话：“下班了，明天再试吧。”这位顾客只好悻悻而去。

而另一家女装店，开门前十分钟，工作人员就早已各就各位，一有顾客进入，店员就会主动上前热情向顾客介绍商品。在临近关门之时，店员依旧面带微笑地为顾客服务，不会催促准备或正在试穿的客人，即使已经超过了闭店时间，所有店员也会等最后一位顾客离开后再打烊。

互动提示：经营素质好的店家都十分重视开门之初和临近关门之时的服务质量。

有些看着不起眼的商店生意却很红火，很大程度上是无论营业高峰还是临近打烊，始终为顾客提供热情周到的服务。商家竞争，胜负往往取决于顾客的瞬间印象。开门之时，营业员往往没有进入状态；临近打烊，不少人已心不在焉。其实，越是这样的“临界状态”，越能看出一家商店的经营素质。

互动讨论： 分组讨论，说说上述两家商店的做法说明了什么道理，你从中得到了哪些启示，你觉得怎样的服务礼仪才算是合格的。

二、岗位礼仪

岗位礼仪是指服务行业的工作人员在岗前准备、柜台服务、顾客接待、纠纷处理等工作环节履行岗位职责时，以约定俗成的规范、程序和方式，来表现律己敬人的服务行为，具体包括仪容、仪表、仪态和言行等方面。

（一）金融行业工作人员礼仪规范

当今大服务的背景，互联网高速发展，通过网络科技手段服务顾客的网上银行、手机银行等各种平台软件发展迅速，并呈现出多元化的趋势。金融行业的柜台是直接服务客户的窗口，其服务质量的高低，直接影响着银行的社会声誉和经营效益，而服务质量又最集中表现在临柜人员的言行和表情上。

戴尔·卡耐基说，一个人脸上的表情比他身上穿的更重要。人们常说：“不会笑就别开店。”微笑也是银行服务的起点，体现着工作人员的自信、专业，而且也会赢得客户的好感。因此在服务行业中，提倡微笑服务，因为这种表情有助于对方接受你所传达的信息。

1. 基本要求

（1）遵守行业从业人员操守，文明服务；

（2）公平对待每位客户；

（3）坚持客户至上的原则，提供优质服务。

2. 仪容仪表

仪容仪表规范：男士稳重得体，女士端庄大方。

面部、发式、手部、服装、鞋袜、丝巾、领带及其他饰物等要遵守职场人士仪容仪表规范，并符合行业的具体要求。同一网点同一区域应统一规范，整洁干净（见图 12－1）。

图 12－1

3. 行为举止

精神饱满、表情自然、态度热情、仪态得体、动作规范、引导到位、行礼大方（见图 12－2）。

图 12－2

互动练习 2 银行人员着装规范的灵活运用

背景：一天，某银行的一位客户经理在临近下班时换上一条淡粉色的连衣裙，同事们都说这条裙子真漂亮，也适合她。她说："今天晚上约了一位挺有服饰审美品位的女客户到茶楼一起喝茶，聚聚。"的确，这位客户经理有意识地通过这条裙子的选择，使自己和茶楼这一场合相和谐。更难能可贵的是，这位客户经理还考虑到自己约请的人是有审美品位的。

互动提示：灵活运用礼仪规范的根本是意识问题。不能使他人感受到被尊重的礼仪不是礼仪。只有使对方得到被尊重的体验，才达到礼仪之意。我们只有真正了解客户想要的是什么，做出合理判断，才能给出切实可行的解决方案。

互动讨论：这位客户经理的做法对她工作的开展有什么有利之处？为什么不穿工作服去茶楼与客户相见？

4. 服务语言

（1）使用"请、您好、谢谢、对不起、再见"等文明礼貌用语。

（2）杜绝使用脏、粗、狂、顶撞、指令、敷衍、嘲讽等不文明、不尊敬的语言。

（3）努力实现语言无障碍服务，原则上使用普通话，也可以根据地方习俗和客户实际灵活掌握。

（4）遇特殊情况，可使用特殊服务用语，如手语。

（5）涉外窗口服务人员应具有办理涉外基本业务所需的外语能力。

（6）交谈时，语意准确、简洁；语音、语速适中；语态亲切温和；语气谦敬委婉。

（7）介绍业务时，尽量避免使用令客户不易理解的专业术语。

（8）遇客户抱怨或发生纠纷时，耐心倾听，虚心听取意见建议，永不争论。

（9）需表明自己观点时，应采用谦恭、委婉的表达方法。

（10）接待客户应使用"先生""女士"称呼对方，或视当地习俗使用恰当的称呼。

5. 电话礼仪

（1）接打客户电话时应注意的礼节。

1）电话交谈，态度谦和礼貌，声音适中，吐字清晰，长话短说，内容清楚。

微课视频 8
电话礼仪

2）接电话时，应在三声内接起并主动言明身份，超过五声接起，应致歉。接电话要问清缘由、来电目的，如自己无法处理，应做好记录，转由相关人员处理。

3）打电话时，应先确认对方是否为要致电对象，然后主动表明身份，再表达致电来意。

4）接打电话要始终保持情绪饱满，假设"对方能够看到我"而认真对待。

5）通话结束应致谢，遵循尊者优先挂线原则，让客户先挂电话，以示尊重。

（2）转接代接客户电话的礼仪。

1）不要大声呼叫，应提示对方"请稍等"。

2）如他人正在处理事务，不便接听电话，应及时代接，请对方稍后打来或留下的姓名及联系方式，并告知对方"稍后回复您"。

3）如受话人不在，应先礼貌作答，并向对方表达自己愿给予帮助的意向，如对方拒绝，可以请对方留下姓名及联系方式，或请对方稍后来电。

（二）主要服务岗位服务规范

1. 临柜岗服务规范

（1）严格执行各项规章制度和服务流程，严格履行服务职责，展现金融行业从业人员的良好职业素养。熟悉业务操作流程，提供准确快捷的规范服务。

（2）认真做好营业前的准备，以饱满的工作热情和积极的工作态度参与晨会，按时开启机器设备，业务单据、凭证摆放规范。维护整理好柜面。网点开门营业，所有柜员以规范的站姿站立在各自的工作岗位上，面带微笑迎接首批客户的到来（见图 12－3）。

图 12－3

（3）营业中，银行临柜岗位服务礼仪程序，遵循“十八字”服务方针（见图 12－4）。

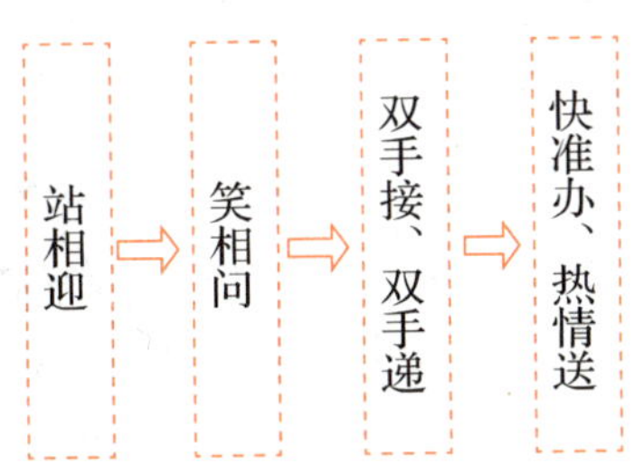

图 12－4

顾客来时迎接问候服务应坚持“先外后内”原则。办理过程做到“四声服务”：来有迎声，问有答声，去有送声，收付款有唱声。主动询问提醒，做好告知服务。

如遇异议及投诉应先安抚顾客情绪，及时有针对性解决问题，或向上级报告。如遇规章制度未有规定而无法满足客户的需求或投诉，坚持原则，灵活处置，或向上级报告。遇应急处理，应及时响应并按预案进行操作。

（4）营业结束服务。

1）认真耐心办理完营业厅内的客户业务。

2）根据业务办理流程制度完成操作。

3）及时关闭终端相关设备。

4）按规定顺序整理柜面，恢复整洁有序。

2. 大堂经理岗服务规范

大堂经理应明确服务职责，做好网点服务管理。

（1）营业前的准备。

微课视频 9
银行大堂咨询业务

营业环境维护，确保干净整洁；仔细检查，确保设施、设备及单据资料完整完好和充足；保持站位姿势热情迎接客户。

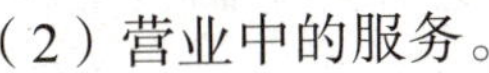

（2）营业中的服务。

微笑迎接、热情接待；陌生主动介绍、熟悉冠姓相称、识别关照到位、主动引导分流、确保秩序井然；耐心解答咨询推介，积极挖掘客户需求；业务办理完毕，应送别客户至营业厅门口；如遇客户投诉，应快捷处理，及时解决；每日巡查，做好动态管理并记入日志。

（3）营业结束服务。

及时做好清场工作，检查设施设备，补充单据、宣传资料；检查客户意见簿（箱），及时回复和核定；管理客户遗失物品等，总结当日工作，完整填写大堂经理日志。

3. 电话客服岗服务规范

（1）电话服务的技巧与要求。

1）积极：服务人员应该保持积极的心态。这样的声音听起来积极且有活力，有利于销售工作。

2）热情：时刻保持高度的热情，以感染客户。为保持自信，语气、措辞上要用肯定的，不用否定或者模糊的。

3）语速、语气：电话客服在与客户讲话时要使用标准语速；语气不卑不亢，既不能让客户感觉到客服没自信，也不要让客户感觉盛气凌人。

4）语调：说话时语调要抑扬顿挫，太过平淡的声音会使人注意力分散，产生厌倦。

5）音量：在重要的词句上，需用重音。音量不能太大，会让客户产生防备心理；也不能太小，会让客户觉得客服缺乏信心，使客户不重视。

6）话筒：说话时话筒不要直接对着嘴，应放在嘴的左下角，这样对保持正常通话声音和提高音质有很大的帮助。

7）内容：尽量不要谈及与业务无关的内容。为与客户建立关系，适当地谈及与个人有关的内容是有必要的，但要适可而止。不耽误自己的时间，也不占用客户太多的时间。

8）停顿：可吸引客户的注意力，也会让客户有机会思考，还可让客户主动参与到电话沟通中来。

9）微笑：微笑确实可改变我们的声音，也可感染电话另一端的客户。你的微笑不仅可使你充满自信，同时也将欢乐带给了客户。

10）声音：你的声音应让人听起来充满自信、热情，能传达积极的态度。

（2）通话中的礼仪。

1）接听呼入电话应在铃响三声内接起，使用礼貌用语，报上姓名。如："请问有什么可以帮助您的？""某某，我是某某。""晚上好，小姐 \ 先生。"

2）适时询问客户称呼。打电话给他人时不应先问对方姓什么。

3）正确应答客户相关问题。如，"您的意思是……"领会客户意图，主动与其确认。

4）需要客户等待应告知客户为什么需要等待，以及需等待的时间。在客户等待过程中，电话服务人员应与客户适当地谈论相关的话题，使得客户知道我们时刻记得他。

5）转接电话挂断之前，需确定被转接电话有人接听，彼时需重复确认信息。主动要求客户留下详细联系信息，记录并检查所留信息是否正确。记下客户电话号码，并确认准确无误。

6）接听电话的时候，要是电话突然挂断，应立刻用其他电话给对方回过去，第一表示尊重，第二则是让对方确认没有发生意外。

（3）服务结束挂断电话的礼仪。

服务结束挂断电话时，一定要说"再见 \ 欢迎下次来电 \ 很高兴为您服务"等，这是电话服务结束时应说的礼貌用语。这样对方知道你要挂电话和你有挂电话的意图，或者知道你挂电话的确定时间。作为客服人员要等对方先挂断，自己再挂断。

小贴士

电话接待客户的礼仪

1. 快速接听电话。
2. 多用礼貌用语。
3. 主动抓住问题重点。
4. 保持倾听的注意力。
5. 站在客户角度看问题。

对于一个客服人员，电话接待礼仪非常重要，懂得电话服务礼仪，才能够维护好客户关系。如何在电话中快速有效地解决问题，也体现了一个客服人员的专业水平。

4. 客户经理岗服务规范

客户经理是展示银行形象的流动窗口，一举一动都应落落大方、文明优雅，着装整洁得体，遵守制服穿着规定。

（1）拜访客户。

1）客户经理上门拜访客户，根据工作重点及针对性，提前半天确定详尽的拜访计划，并携带标准化的工作手提包（内含相关资料和笔记等）。

2）穿着整洁的职业装并佩戴工作牌。

3）在上门拜访前一天应做好客户信息收集和相关服务的资料准备，为开展工作做好准备。

4）至少提前半天通知客户拜访计划，并预约上门，提前10分钟到达。如有改变，应及时告知客户，向客户解释原因并致歉，约好另行上门时间。

5）登门后应先跟客户问好，说明来意，做好新业务的推广和产品的介绍。

6）熟练解答客户提出有关业务的任何疑问咨询。

7）如遇客户投诉，应高度重视并尽量当场解决。如无法现场解决，需将情况详细记录，尽快回复客户。

8）真诚对待客户，尊重客户习惯，把控谈话内容。

9）注意言行举止等形体语言，维护企业形象。

10）拜访中征得客户许可，对客户需求做好记录，并对此进行整理汇总，将客户提出的建议和意见记录下来，并在三个工作日内给予回复。

（2）客户来访。

接待客户来访应遵循起立、让座、倒茶、交谈、送客“五步曲”。为客户营造一个良好的交流氛围。

如客户要找的人不在，其他工作人员也要像办自己的事一般积极为之联系，不得漫不经心。每个人都有义务让客户感到满意。

1）接待前，茶叶、咖啡、热水等都应随时有所准备。

2）客户应约来访，客户经理微笑打招呼并问候："您好，很高兴见到您。"将客户引至接待室或办公室安排入座，并捧上茶水。

3）与客户交换名片，进行商谈。当客户对公司提出意见和建议时，客户经理应当场做好记录并表示感谢。

4）道别时应由客户先提出。当客户提出告别时，客户经理应当在对方起身后再站起来，如先站起来，给客户的感觉是有催促之嫌。

5）如与对方常有来往，可送至办公室门口或电梯口；如对方是初次来访，应该送得更远些。

（3）电话拜访。

1）客户经理准备电话拜访客户前应有计划。选择适当的通话时间，避免在客户用餐和休息的时间打电话。

2）客户经理在拨打电话给客户前，应分析客户资料，查看历史记录，了解客户的具体情况，提高沟通成功的可能性

3）拨打前应调整好姿势和情绪，上身挺直，微向前倾，做一次深呼吸，保持微笑。

4）电话接通后应礼貌地向客户问候并进行自我介绍，询问客户是否方便接听电话，道明自己的来意，通话过程中尽量清晰地表达，需要的话可约定上门拜访的时间，最后礼貌地结束。

小贴士

接听电话小秘诀

1. 电话铃响在 3 声之内接起。
2. 电话机旁准备好纸笔进行记录。
3. 确认记录下的时间、地点、对象和事件等重要事项。
4. 告知对方自己的姓名。

（4）客户经理社交礼仪。

1）自我介绍。工作中常规的介绍应包括姓名、单位、职务；与客户交往中，想和客户进一步交流沟通时，还要讲些其他的习惯、兴趣爱好等。

2）为他人介绍过程中，应为双方提供适当的信息。一般应清楚地说出被介绍方的姓名、公司及职务，同时对双方个人情况给予简单而积极的评价。

3）握手的顺序。在正式场合握手时，伸手的先后顺序主要取决于职位、身份，在社交、休闲场合主要取决于年纪、性别、婚否。注意握手禁忌。

4）名片的递接。双手轻托名片至齐胸的高度，并正面朝向对方，以方便别人接收时阅读；如果人多，而自己左手正拿着一叠名片，也应该用右手轻托左手给予辅助，一张一张递给每一个人。双手接过他人的名片，看过或边看边读出声来，然后放入自己的名片夹或上衣口袋。也可以看后先放在桌子上，但不要随手乱丢，或者压上其他物品，且离开时不可忘记带走。如对方名字较复杂或不能准确地认读，最好礼貌地向对方请教。

名片使用的注意事项：如果坐着，尽可能起身接受对方递来的名片。辈分低者率先以双手或者右手递出个人名片。避免在对方的名片上写不相关的东西，不要无意识地玩弄对方的名片。上司在时不要先递名片，要等上司递上名片后才递自己的名片。

金融服务是一个过程，具有不可逆性，因此服务也是“一次性”消费，要求服务人员按规定程序进行操作，准确到位。规范化也是对服务进行标准化、制度化建设，涵盖服务全过程的每一个环节，并进行监测、分析，加强管理，营造一个个无可挑剔的“真实瞬间”。

互动练习 3　客户经理随身“小四样”

背景：曾经有一位营销业绩突出的银行客户经理，他在分享经验时说：“每次上门拜访客户时，我都会随身携带四样物品：小梳子、小镜子、纸巾和口香糖。当来到客户所在地时，第一件事是要寻找洗手间，在那里梳理一下自己的头发，检查一下自己的面容，之后再去拜见客户。我认为这是对对方的尊重。”

他还说：“在办公过程中，如果下午需要拜访客户，我很注意午餐的选择，不吃有刺激性气味的食物，像大蒜、大葱、韭菜等。”

互动提示：一个人的成功绝不是偶然的。成功永远属于有准备的人。银行员工岗位形象很重要，应该在自己的工作岗位上严格要求，并努力践行。

互动讨论：以小组为单位讨论，为什么这位客户经理的营销业绩突出，与他随身携带“小四样”有什么关系。

小贴士

优质服务礼仪五步训练法

1. 看——领先顾客一步的技巧。
2. 听——拉近与客户的关系。
3. 笑——微笑服务的魅力。
4. 说——顾客更在乎怎样说。
5. 动——运用身体语言的技巧。

自我评估

银行客户经理的交谈能力测试

一、情景描述

根据自己的实际情况，认真考虑下列问题，从所给备选答案中选出最符合自己的一项。

1. 你通常是先准备好再开展营销活动？(　　)

A. 总是　　B. 时常　　C. 有时

D. 不常　　E. 从不

2. 你是否相信营销交谈时对方告诉你的话？(　　)

A. 不，我非常怀疑　　B. 普通程度的怀疑　　C. 有时候不相信

D. 大概相信　　E. 几乎永远相信

3. 交谈时，你是否常做乐观的打算？(　　)

A. 几乎每次都关心最乐观的一面　　B. 相当关心

C. 普通程度的关心　　D. 不太关心　　E. 根本不关心

4. 你是否能恰当表达自己的观点？(　　)

A. 经常　　B. 超过一般水准　　C. 一般水准

D. 低于一般水准　　E. 相当差

5. 你是不是一个很好的倾听者？(　　)

A. 是　　B. 比一般人好　　C. 普通程度

D. 一般水平　　E. 很差

6. 在交谈中，你想要定下哪一种目标？(　　)

A. 很难达成的目标　　B. 想当然的目标　　C. 不太难也不太易的目标

D. 相当合适的目标　　E. 比较容易达成的目标

7. 你对于解决问题是否有创见？(　　)

A. 非常有　　B. 相当有　　C. 有时会有

D. 不太多　　E. 几乎没有

8. 面对那些地位比你高的人，你感觉如何？(　　)

A. 非常舒服　　B. 相当舒服　　C. 复杂的感觉

D. 不舒服　　E. 相当不舒服

9. 交谈时你是否会将内心的感受表露出来？(　　)

A. 非常容易　　B. 比大多数人容易　　C. 普通程度

D. 不经常　　E. 几乎没有

10. 交谈中，你是否会问探索性的问题？(　　)

A. 擅长此道　　B. 时常如此　　C. 一般程度

D. 不太好　　E. 不擅此道

11. 交谈时，你对自己的目标的执着程度如何？（　　）

A. 非常执着　　B. 相当执着　　C. 有点执着

D. 不太执着　　E. 相当有弹性

12. 你认为自己是不是一个谨守策略的人？（　　）

A. 是　　B. 相当　　C. 一般

D. 时常会忘记运用策略　　E. 总是先说再考虑

13. 你是否能广泛地听取各方面的意见？（　　）

A. 是的，非常能　　B. 时常如此　　C. 普通程度

D. 不太听取别人的意见　　E. 相当固执

14. 正直对你来说是否重要？（　　）

A. 非常重要　　B. 相当重要　　C. 重要

D. 不重要　　E. 非常不重要

15. 你对谈判的看法如何？（　　）

A. 高度的竞争　　B. 大部分竞争、小部分合作　　C. 大部分合作、小部分竞争

D. 高度的合作　　E. 一半竞争一半合作

16. 有人在陈述和你不同的观点时，你能够倾听吗？（　　）

A. 完全不能　　B. 听一点点，但很难听进去　　C. 听一些，但不太注意

D. 合理地倾听　　E. 很注意地听

17. 你对于别人的动机和愿望的敏感程度如何？（　　）

A. 高度敏感　　B. 相当敏感　　C. 普通程度

D. 比大多数人敏感　　E. 不敏感

18. 兴奋时，你是否会激动？（　　）

A. 很镇静　　B. 原则上很镇静，但会被对方激怒

C. 和大多数人相同　　D. 性情有点急躁

E. 很容易激动

19. 你能否对生意上的秘密守口如瓶？（　　）

A. 非常能　　B. 相当能　　C. 一般程度

D. 常常不能　　E. 不能

20. 洽谈中你面对直接的冲突有何感觉？（　　）

A. 非常不舒服　　B. 相当不舒服　　C. 虽然不舒服，但还是面对

D. 有点喜欢这种挑战　　E. 非常喜欢这种机会

二、评估标准和结果分析

计分方法如下表所示：

计分表

题号	A	B	C	D	E
1	10	8	4	–4	–10
2	10	8	4	–4	–10
3	–10	10	10	–5	–10
4	10	5	0	–4	–8
5	10	5	0	–8	–10
6	8	10	5	0	–10
7	10	8	0	0	–10
8	10	8	3	–3	–10
9	–10	–5	0	5	10
10	10	10	4	0	–8
11	10	10	3	–5	–15
12	10	5	0	–5	–8
13	10	3	5	–5	–10
14	10	8	5	0	–10
15	–10	10	8	–10	5
16	–10	–5	5	10	15
17	15	10	0	–10	–15
18	10	8	5	–5	–10
19	10	8	0	–8	–15
20	–10	–5	10	10	–5

得分在 150 ～ 200 分，说明交谈能力较强；

得分在 90 ～ 150 分，说明交谈能力一般；

得分在 90 分以下，说明交谈能力较差。

主要参考书目

[1] 许湘岳，蒋璟萍，费秋萍．礼仪训练教程．北京：人民出版社，2012.

[2] 王华．金融服务礼仪．2版．北京：高等教育出版社，2019.

[3] 武洪明，许湘岳．职业沟通教程．2版．北京：人民出版社，2014.

[4] 林友华．社交礼仪．5版．北京：高等教育出版社，2019.

[5] 李嘉珊．国际金融礼仪教程．北京：中国人民大学出版社，2007.

[6] 吕艳芝，纪亚飞．银行服务礼仪标准培训．北京：中国纺织出版社，2014.

[7] 徐晶．现代职场形象设计．北京：中信出版社，2007.